Leo G. Linder
HansPeter Heinrichs

Die Elbe

westermann

Im Riesengebirge: Rübezahls Residenz

Im Winter müßte man die Quelle der Elbe aus einem sturmgeglätteten Schneefeld 1400 Meter über dem Meer herausgraben – und nur die Männer von der Verwaltung des Riesengebirge-Nationalparks wüßten, wo man die Schaufeln anzusetzen hätte.

Im Sommer führen drei bequeme Wanderwege über den waldlosen, windbestrichenen Rücken der Kesselkoppe zur Quelle, und beflügelt von der Aussicht, einen der größten Flüsse Europas im Augenblick der Entstehung zu erleben, bewegt sich ein endloser Zug von Quellpilgern unaufhaltsam darauf zu. Am Rande der flachen Mulde aber, in deren Mitte die Quelle liegen soll, stutzen die ersten, unterbrechen ihre Gespräche, machen dann zögernd Schritte auf den runden Quellbrunnen zu und beugen sich wortlos über die niedrige Betoneinfassung: Ihre Gesichter im trüben Brunnenwasser spiegeln jene Fassungslosigkeit, mit der man auf einen Betrug des Himmels reagiert.

Den meisten fehlen die Worte. Manche wollen die Sache nicht auf sich beruhen lassen und vergewissern sich bei den Umstehenden, ob dies wirklich die Quelle der Elbe sei. Worauf einige die Achseln zucken und andere sich, wie Überbringer einer schlechten Botschaft, zu einer teilnahmslos vorgebrachten Bestätigung durchringen. Unbeirrbare lassen sich auf den Holzbänken unweit des Quellbrunnens nieder, schälen gekochte Eier und reichen Vitaminbonbons herum. Wo man die Sprache wiederfindet, ist eher Deutsch als Tschechisch zu hören. „Warte, bleib!“ herrscht einer seine Ehefrau an, die sich schneller von der Quelle zurückzieht als er seine Kamera vom Futteral befreien kann. Drei tschechische Jungen fischen, auf den Bäuchen liegend, mit einem krummgebogenen Löffel am Ende eines Holzstocks Münzen aus der braunen Brühe – das muß jetzt als Motiv herhalten, wenn schon die eigene Gattin nicht zusammen mit der Elbquelle fotografiert werden will.

Was sich hier in Sichtweite der polnischen Grenze, aber noch auf tschechischem Boden als Ursprung der Elbe präsentiert, ist die Parodie einer Quelle: ein nichtssagender seichter Brunnen, dessen Inhalt erst unter den rührenden Bewegungen des münzenaufstöbernden Löffels zu sprudeln beginnt. Man möchte die Quelle für das Opfer einer sozialistischen Gestaltungsmaßnahme halten – auf einem Kupferstich von 1840 macht sie jedoch genau denselben kläglichen Eindruck. Und auch die Wanderer, die der Künstler der tristen Szene zur Belebung hinzugefügt hat, wirken bei genauem Hinsehen – man könnte sagen – betreten.

Im Ruf eines erbaulichen Ortes allerdings hat die Elbquelle nie gestanden. In alten Zeiten stiegen die Bauern aus dem Tal einmal im Jahr hinauf zur Elbwiese, opferten den Bergdämonen ein paar Hähne und hofften, für den Rest des Jahres von deren Vorwitz verschont zu bleiben. Im Jahre 1684 mußte der für Spuk in dieser Region zuständige Bischof

Seite 6/7: Wo die Elbe in der Schlucht über glattgewaschene Steine fließt, da schimmert ihr Grund wie Schwefel oder Moos.

Am Ende des Gipfelplateaus der Kesselkoppe fällt die Elbe in Kaskaden in die Schlucht.

von Königgrätz sogar persönlich einschreiten: Er feierte eine Messe im Quellgebiet, um dem Treiben der Teufel und Geister hier oben machtvoller Einhalt zu gebieten, als es mit ein paar toten Hähnen möglich war. Es heißt, daß unter den zahlreichen Teilnehmern dieser Zeremonie auch ein Kamel gewesen sei. Als geländegängiges Lasttier wird es den Feldaltar hinaufgetragen haben. Die Berichte von diesem Tag verlieren leider kein Wort darüber, wie der Bischof von Königgrätz zu einem Kamel gekommen war.

Die Gespenster sind heute glücklich vertrieben – geblieben ist der Glaube, daß sich ein Fluß zu einem allerersten Ursprung zurückverfolgen lassen müsse. Die Elbquelle ist der geeignete Ort, sich dieser Illusion zu entledigen. Wo ließe sich leichter als hier begreifen, daß Quellen stets künstliche Orte sind, ausgewählt und hergerichtet zur Andacht derer, die Zeugen eines Schöpfungsaktes werden wollen? Der Ursprung der Elbe jedenfalls läßt sich so wenig bestimmen wie der von anderen Flüssen.

Jenseits der Wanderwege nämlich ist der Grund der Elbwiesen nachgiebig und feucht – es regnet häufig im Riesengebirge, an etwa zweihundert Tagen im Jahr. Und überall rieselt es hier aus glasklaren Wasseraugen unter dichten Grasbüscheln hervor, tropft von den Moosbärten der Steine, sickert und quillt aus allen Poren des Gebirges und sammelt sich zu Rinnsalen, die hier und dort ineinanderlaufen. So, unter Umgehung aller Etikette, stiehlt sich die Elbe hinter dem Rücken des Publikums ans Tageslicht.

Es ist meine erste Erfahrung mit einem unbekannten Fluß. Als ich den Auftrag erhielt, einen Film über die Elbe zu drehen, wußte ich über sie so gut wie nichts. Zeit meines Lebens hatte die Elbe jenseits der Welt gelegen, in der ich mich bewegte. Ich kann mich auch nicht erinnern, jemals von ihr geträumt zu haben, wie man vom Mississippi oder der Donau träumt. Als Inhaberin eines traurigen Rekords auf dem Gebiet der Wasserverschmutzung schied sie für mich von vornherein aus der Schönheitskonkurrenz der europäischen Flüsse aus. Nun gut, ich hatte den Auftrag bekommen, jetzt mußte ich mich langsam mit ihr vertraut machen.

Ältere Nachschlagwerke geben ihre Länge mit 1165 Kilometern an. Neuere Statistiken sprechen von 1100 Kilometern – es ist das Schicksal der Flüsse, im Lauf der Zeit zu schrumpfen. Weiblichen Geschlechts wie die Elbe, so las ich, sind alle Flüsse, die ihre Namen den Germanen verdanken. Flüsse männlichen Geschlechts wie der Main, der Neckar und der Rhein haben ihre Namen in vorgermanischer Zeit, wahrscheinlich von den Kelten, erhalten. In der Tschechoslowakei, auf einer Länge von 372 Kilometern immerhin, heißt sie nicht Elbe, sondern Labe, und ist ein Neutrum.

Von Elbstädten wie Königgrätz, Hostinné, Pardubice oder Mělník sagte mir nur Königgrätz etwas. In meiner Heimatstadt hatte es eine Königgrätzer Straße gegeben, die mir als Kind keine Ruhe ließ – was ein König war, wußte ich, aber ein Grätzer? Später lernten wir, daß die Preußen bei Königgrätz die Österreicher besiegten. Daß die Elbe durch Königgrätz fließt, lernten wir nicht.

Je länger ich mich mit der Elbe beschäftigte, desto mehr erschien es mir als Abenteuer, den Fluß als Leitfaden zu benutzen durch einen lange Zeit unbeachteten Teil Europas und fast vergessene Kapitel deutscher Geschichte – mochte die Elbe selbst so arm an Reizen sein wie sie wollte. Ein Abenteuer ist diese Reise geworden. Und je länger sie dauerte, desto weniger war ich bereit, die Elbe für ein Mauerblümchen unter den Flüssen Europas zu halten.

Zunächst allerdings muß eine neue, weit unangenehmere Überraschung als die Quelle verkraftet werden: die Elbfallbaude, die sich am Ende des Gipfelplateaus wie eine aufgerichtete Säge über die Elbeschlucht erhebt. Das kantige Hotelhochhaus aus jüngerer Zeit hat nichts mehr gemein mit jenen bewirtschafteten Berghütten, in denen sich in den zwanziger und dreißiger Jahren am Wochenende halb Berlin zu treffen pflegte.

Neben der Baude fällt die zum Bach angeschwollene Elbe in die Schlucht. Bis 1965 hat man die theatralische Wirkung stürzenden Wassers durch eine Schleuse zu steigern gewußt, welche die Elbe solange zurückhielt, bis sich genug Wasser für eine richtige Sturzflut gesammelt hatte. Die Schleusenvorrichtung ist heute verrostet, der Elbfall eine Folge undramatischer Kaskaden, der Abstieg in die Schlucht verfallen und für Wanderer gesperrt. Das hat den Nachteil, daß man für das Betreten der Schlucht eine „Bewilligung" braucht. Und den Vorteil, daß ich, im Besitz dieser Bewilligung, beim Abstieg über Geröllhalden unter immer dichter zusammenrückenden Tannen allein bin.

Die Elbschlucht ist wunderbar romantisch, Bäche fallen silberglänzend senkrecht nackte Felswände herab, und wo die Elbe auf dem Boden der Schlucht über glattgewaschene Steinrücken fließt, da schimmert ihr Grund wie Schwefel oder Moos oder Zimt. Wanderer, Jäger und kräutersammelnde Apotheker vergangener Jahrhunderte konnten nach einem Abstecher in diese Gegend bisweilen von merkwürdigen Erlebnissen berichten mit einem „wunderbarlichen, alten und weitbeschrienen Gespenst, welches sich den Wanders-Leuten zum öfteren in possierlicher und mannigfacher Gestalt und mit seltsamen Verrichtungen erzeiget" – wie Johann Praetorius 1662 in der Einleitung seiner ersten Sammlung von Rübezahlgeschichten schrieb. Vorsichtshalber lasse ich den Namen des Gespenstes nicht über meine Lippen kommen – aller Ärger im Gebirge rühre letztlich daher, sagt Praetorius, daß unwissende oder vorwitzige Leute auf der Reise durchs Gebirge des Rübezahls Namen im Munde führen.

Praetorius ist nicht irgendwer. Für das protestantische Deutschland des 17. Jahrhunderts ist er die unbestrittene Autorität auf dem Gebiet der unterirdischen Mächte. Mit seinem späteren Lieblingsdämon macht er erstmals auf der Leipziger Messe Bekanntschaft. Da haben Wurzelgräber, Kräuterleser, Kuhdoktoren und Zahnbrecher aus dem Riesengebirge ihre Buden – Leute, „die ihre Medicamenta von des Rübezahls Residenz holen müssen". In diesen Buden hängen bemalte Tafeln mit dem Abbild Rübezahls, ihres „Patrons und Hausgötzen". Die Wurzelmänner können ihren Messegästen phantastische Geschichten erzählen: daß sie die Substanzen ihrer Arzneien von Rübezahl selbst empfingen – und wenn man ein Herz mit ihm wäre und sogar Brüderschaft saufe, dann zeige er nicht nur, wo die Kräuter wüchsen, sondern unterrichte auch ihren Gebrauch und packe sogar beim Ausgraben mit zu – in

Der erste Ort am Fluß ist Spindlermühle. Viele Orte in Böhmen hatten neben den tschechischen auch deutsche Namen. Heute heißt Spindlermühle nur noch Spindler Rův Mlyn.

solchen Augenblicken dürfe man vertraulich werden und ihn bisweilen sogar Rübezahl nennen.

Praetorius findet solche Geschichten hochinteressant – und keineswegs zu phantastisch. Bei den Erzählern dieser Geschichten bin ich mir nicht ganz sicher – für Praetorius wie für die meisten seiner Zeitgenossen aber steht die Existenz dieses Berggeistes ganz außer Frage. 1673 versucht der Wittenberger Student Valentin Völckerling in einer Doktorarbeit über Rübezahl das Wesen des Geistes philosophisch zu klären. Der schlesische Aristokrat Christoph Leopold Schaffgotsch, der zahlreiche Besitzungen im Riesengebirge hat, läßt auf der Schneekoppe eine Kapelle errichten – um seine Bekehrung zum Katholizismus zu feiern und um seine Güter vom Geiste Rübezahls zu befreien.

Ist Rübezahl denn nun ein Schutzpatron des Gebirges oder eine Ausgeburt der Hölle? Mit leidenschaftlicher Sammelwut trägt Praetorius alles zusammen, was er über Rübezahl in Erfahrung bringen kann: Rübezahl macht einer Magd einen Ziegenbart, macht aus Erb-

Die Elbe bei Spindlermühle führt hier, wie auf den nächsten 400 Kilometern, den slawischen Namen Labe.

sen Gold, trennt ein Hurengelage, schwängert eine Äbtissin, macht aus Erdbeeren Gold, säuft ärger als eine Schindersau, macht aus Quark Gold, geht unbarmherzig mit einem widerspenstigen Wurzelmann um und führt ein armes Weib zu einem großen Schatz. Je mehr Praetorius veröffentlicht, desto mehr häufen sich die Augenzeugenberichte aus dem Riesengebirge auf seinem Schreibtisch. Als er 1680 von der Pest dahingerafft wird, hinterläßt er über 250 Rübezahlgeschichten. 1791 werden sie ins Englische, 1844 ins Französische übersetzt.

Die moderne Rübezahlforschung hat diese Karriere vom böhmischen Gespenst zum Berggeist von europäischem Rang gründlich erforscht und ist zu folgendem Ergebnis gelangt: Rübezahls Erfolg liegt in seiner Vielseitigkeit, in der sich so etwas wie ein individueller Charakter spiegelt. Die allermeisten Geister sind ausgesprochene Spezialisten. Oft beherrschen sie nur einen Trick, wie etwa Rattenblut unbemerkt über einen Bratenspieß mit köstlichem Lammfleisch zu träufeln. Rübezahl aber entfaltet parallel zu seiner literarischen Karriere eine immer komplexere Persönlichkeit. Sein allererster Auftritt, in der Schrift eines evangelischen Pfarrers von 1570, zeigt ihn noch als simplen Kobold: Ein Mönch, heißt es da, der sich Rubezal nenne, biete sich zuweilen Wanderern, die des Gebirges unkundig seien, als Führer an – und wenn er sie so tief ins Holz verführt habe, daß sie weder ein noch aus wüßten, dann schwinge sich der Schadenfroh auf einen Ast und lache so hell, daß es durchs ganze Gebirge schalle.

Mit der Zeit aber lernt Rübezahl, „nach Belieben zu plitzen, donnern und hageln". Zu diesem Mittel greift er, wenn man ihn mit seinem Namen provoziert oder sich eigenmächtig über seine Schätze hermacht – also Bergbau betreiben will oder seine Kräutergärten plündert. Mit anderen Worten: Er versieht das ökologische Wächteramt, das heute von der Behörde des Nationalparks wahrgenommen wird. Daneben arbeitet er als Gastwirt in Herbergen, die am nächsten Morgen verschwunden sind, verführt Damen, die hinter einem Gebüsch austreten, während ihre Kutsche schon ein Stück vorausgefahren ist, beschenkt Studenten, Hungerleider und Pechvögel und geht mit seinen Goldvorräten überhaupt sehr großzügig um – solange man sie ihm nicht gewaltsam entreißen will. Auf dem Höhepunkt seiner Macht wird er von den Bergbewohnern mit ausgesprochener Hochachtung behandelt: Sie respektieren seine Empfindlichkeiten, reden ihn wunschgemäß mit „Herr Johannes" oder „großer Beherrscher des Gebirges" an und leisten bei Verstößen Abbitte, indem sie aufs Gesicht niederfallen – „da man nun einmal mit ihm auskommen muß".

Was aber steckt hinter der Abneigung des Berggeistes gegen seinen Namen? Bei Praetorius treffen Nachrichten ein, aus denen hervorgeht, daß Rübezahl gar nicht sein wahrer Name sei. Sondern Ronzival, Ronsefall oder Roncevall. Die hiesigen Bauern aber hätten den fremden Namen ihren Zungen „anbequemt" und Rübezahl daraus gemacht. Das läßt aufhorchen. Denn Roncesvalles ist ein Ort in den spanischen Pyrenäen – und

Wer genau hinsieht, kann in dem knorrigen Wurzelwerk den Herrn des Gebirges, den Berggeist Rübezahl, entdecken.

wie Praetorius behauptet, wird bisweilen das gesamte pyrenäische Gebirge als Ronceval bezeichnet. Bekanntlich gebe es dort oftmals große Sturmwinde, welche ganze Kühe aus Aragonien nach Frankreich durch die Luft entführen würden. Könnte es sein, daß Rübezahl ursprünglich ein iberischer Berggeist gewesen ist? Und daß er erst später, von einem solchen Pyrenäensturmwind erfaßt, ins Riesengebirge verschlagen wurde?

Mein Gewährsmann in allen Dingen, die das Riesengebirge betreffen, ist der Direktor des Riesengebirgsmuseums in Jilemnice. Der kleine Ort liegt etwas abseits der Elbe; das Museum im ehemaligen Schloß der Grafen Harrach ist eine Schatztruhe. Wir sitzen im engen Arbeitszimmer des Direktors, eingekeilt von Tischen und Regalen, die sich biegen unter der Last der Bücher. Der Direktor schüttelt über meine Theorie nachsichtig den Kopf, steht auf und reicht mir ein aufgeschlagenes Buch. Da ist eine Landkarte des Riesengebirges von 1561 zu sehen. Inmitten der eingezeichneten Hügelketten erscheint das Wort „Rubezal" neben einem heraldischen Zeichen, das eine Mischung aus Hirsch und Drache darstellen könnte.

„Dies ist die erste Erwähnung Rübezahls, von der wir wissen. Das Emblem bezeichnet einen Geist, der als Symbol für das Riesengebirge im Ganzen steht. Ein drachenähnliches Wesen als Wächter der Erze und Edelsteine eines Gebirges anzunehmen war allgemein üblich. Und das Riesengebirge galt damals eben als Hoheitsgebiet des Drachen Rubezal. Der Name selbst leitet sich von „Ruchzagel" ab: „Ruch" heißt rauh oder pelzig, und „zagel" heißt Schwanz. Pelzschwanz. Der Name erhält erst dann eine obszöne Note, wenn man ihn von einem Tierwesen auf einen Berggeist in Menschengestalt überträgt."

Damit ist der Fall Rübezahl/Ruchzagel für mich erledigt. Das Unbehagen des Geistes erscheint jetzt verständlich: Es sieht so aus, als habe der Name einen Bezug zur allerfrühsten Vergangenheit des Rübezahl – zu einer Zeit, in der er, wer weiß, nichts anderes als ein bocksbeiniger Satyr gewesen ist. Und niemand läßt sich gerne an seine bescheidenen – und etwas anrüchigen – Anfänge erinnern.

Der Direktor erklärt sich bereit, mich durch sein Museum zu führen. Wie hier in Jilemnice hat es in vielen Heimatmuseen Böhmens Frauen und Männer gegeben, die in der Zeit des Sozialismus unbemerkt, unbeirrbar und oft mit verschwindend kleinen Etats erfolgreich wertvolles Anschauungsmaterial aus einer unerwünschten Vergangenheit vor Zerfall oder Vernichtung bewahrt haben: 45 Jahre lang ist die religiöse Volkskunst verpönt und alles, was deutsch-böhmischen Ursprungs war, mehr als heikel gewesen.

Es beginnt mit einer Sammlung der ersten Skier aus den Werkstätten böhmischer Tischler. 1892 hatte Graf Harrach die Vision skifahrender Untertanen von einer Norwegenreise mitgebracht. Bis dahin waren seine Förster im Winter auf einem Ledergeflecht unter den Stiefeln, das an die Schlagfläche von Tennisschlägern erinnert, schwerfällig durch den Schnee gestapft. Jetzt glitten sie wie entfesselt durch ihre Reviere, auf langen Brettern, die manchmal beschnitzt waren wie Kirchengestühl – und womöglich einmal Kirchenbänke gewesen waren.

Gegen die plumpen ersten Skier ist die Fronbank ein Möbel von bestechender funktionaler Schönheit: etwa zwei Meter lang, schlank und aus glattpoliertem dunklem Holz. Zwischen die obere Gabel kam der Kopf; an der unteren sitzt eine Winde, mit der der Körper gestreckt wurde, damit er sich nicht aufbäumen und nicht krümmen konnte. „Hier wurden die Untertanen gestraft", sagt der Direktor und dapiert die Hand- und Fußschellen so, daß sie besser zu den Gliedmaßen eines imaginären Delinquenten passen. Die Fronbank ist bis 1848 in Gebrauch gewesen. Als man sie nach hundertjährigem Dornröschenschlaf im Meierhof neben dem Schloß wiederfand, lag noch die Peitsche daneben, ein kurzer Metallstab, mit Leder umwickelt. In den Vitrinen häufen sich Kuriositäten, die zu ihrer Zeit alltäglich gewesen sind, wie das blankgescheuerte Metalldöschen aus dem Instrumentenkoffer eines Hausarztes des 18. Jahrhunderts. Über den kleinen Hebel, der oben herausschaut, läßt sich ein Messerchen auf der Unterseite bewegen, das in der Haut des Patienten einen feinen Einschnitt hinterläßt. Mit dem gläsernen Schröpfkopf daneben kann nun das vergiftete Blut aus einer Entzündung abgesaugt werden. Oder Taschensonnenuhren aus derselben Epoche, kaum größer als eine Zigarettenschachtel, mit eingebautem Kompaß. Das Fädchen, das den Deckel hält, wirft den Schatten aufs Ziffernblatt. In der Webstube hängt das Produkt der unendlichen Verfeinerung, zu der es die Weber im Riesengebirge gebracht hatten: ein Garnfaden von 1296 Metern Länge und nur einem Gramm Gewicht.

In der hintersten Ecke, jahrzehntelang eher versteckt als ausgestellt, steht ein großer, bühnenähnlicher Kasten mit einer Krippenlandschaft: Eingebettet in ein Riesengebirgspanorama sieht man im Vordergrund den Stall von Bethlehem, hinter dem sich die Stadt Jerusalem mit Türmen und Mauern erhebt. Solche „Betléms" zu schnitzen, war eine beliebte, im ganzen Riesengebirge verbreitete Freizeitbeschäftigung. Das polychrome, mechanische Betlém von Jilemnice allerdings ist ein einzigartiges Wunderding. Als junger Mann hatte sich ein Lehrer der hiesigen Mädchenschule 1883 an die Arbeit gemacht. Dreißig Jahre später konnte er, ein alter Mann inzwischen, das fertige Betlém seinen staunenden Mitbürgern präsentieren.

Viermal setzt der Direktor die Kurbel an, vier Uhrwerke auf der Rückseite müssen aufgezogen werden. Noch regt sich nichts. Da beginnt die Uhr am Rathausturm von Jerusalem zu schlagen – zwölfmal, Mitternacht. Jetzt rührt sich der erste Nachtwächter, setzt sein Horn an die Lippen und bläst hinein. Ein zweiter Nachtwächter antwortet ihm auf der Flöte. Und nun tritt, auf seiner Sperrholzwolke hoch über der Stadt, das Engelsorchester mit klappernden Flügeln in Aktion: Glockenhell rieselt die Melodie eines böhmischen Weihnachtslieds auf die Stadt und die Gebirgslandschaft herab, und Leben fährt in alle Scharniere: Die Schriftgelehrten oben im Tempel beginnen zu gestikulieren, Soldaten beziehen auf der Stadtmauer Stellung, Hirten werfen ihre Arme wie Windmühlenflügel, die Lämmerherde wackelt im Takt mit den Köpfen, zwei Böcke rennen mit den Hörnern gegeneinander an, ein Förster hackt Holz, und ein Holzknecht sägt, zwei Scherenschleifer schärfen ein langes Messer, eine Mutter wirft ihr Kind in die Luft und fängt es wieder auf, ein winziger Kuckuck reißt seinen winzigen Schnabel auf, streckt eine winzige Zunge heraus und schreit „kuckuck!", und selbst ein

Faulpelz rollt sich auf dem Plätzchen herum, an dem er eben noch fest geschlafen hat. Zwei irdische Musikkapellen sorgen unterdessen pausenlos für Nachschub an neuen Weihnachtsliedern, und aus der Höhe seines Palastes wirft König Herodes finstere Blicke auf Maria und Joseph und alle übrigen 139 Figuren, die zusammen 350 verschiedene Bewegungen ausführen können und alle über ein einziges Gewicht auf der Rückseite in Gang gehalten werden – drei weitere Gewichte halten das Räderwerk in Bewegung, welches die Töne erzeugt. Vorne kehrt nun langsam wieder Ruhe ein, der Faulpelz schläft bereits, die Engel raffen sich zu einem letzten Choral auf, und dann erstarren ihre goldenen Flügel – das Betlém von Jilemnice steht wieder still.

Der erste Ort an der Elbe heißt Spindlermühle. Er besteht hauptsächlich aus üppigen alten Hotels, die des nachts das Tal in das warme Licht ihrer Speisesäle tauchen. Die Hotels heißen „Toska", „Savoy", „Bellevue" oder „Schweizer Haus" und haben genug von ihrem Vorkriegscharme gerettet, um dem heutigen Besucher eine blasse Vorstellung jener Zeit zu vermitteln, als Spindlermühle sich mit dem Beinamen „Sankt Moritz des Riesengebirges" schmückte. Das Hotel „Fünfjahresplan" – die sozialistische Variante zum kapitalistischen „Vier Jahreszeiten" – ist offenbar den letzten politischen Umwälzungen zum Opfer gefallen.

30 Jahre lang opferte ein Lehrer seine Freizeit, um das „Betlém von Jilemnice", eine geschnitzte Krippenlandschaft, zu bauen.

Abends scheinen in den Gaststuben der einfachen Hotels die Tschechen unter sich zu sein. Stimmen und volksliedhafte Klavierklänge dringen nach außen und vermischen sich hier und da mit den Kratzgeräuschen von Schaufeln aus Kohlekellern. In den Speiseräumen der teuren Hotels langweilen sich fast ausschließlich Deutsche. Kleine Gruppen von Deutschen laufen wie ich planlos durch den Ort. Und früher oder später trifft man sich dann doch an der Bar des Hotels „Montana", der Hochburg der Deutschen in Spindlermühle.

Die meisten Gäste sind ältere Leute. Viele von ihnen sind hier zu Hause gewesen. Im Fernsehen läuft ein deutsches Programm, die Kellner sprechen fließend Deutsch, und ich frage einen alten Mann, ob er als ehemaliger Bürger dieses Landes Tschechisch gelernt habe. „Kein Wort", antwortet er. „Es wäre uns auch nie in den Sinn gekommen, Tschechisch zu lernen. Wir waren doch Deutsche. Bei uns im Ort lebten überhaupt nur drei Tschechen. Wir hatten schon deswegen nichts gegen die Tschechen, weil es bei uns so gut wie keine gab."

Aber die Tschechen hatten 1945 Grund, etwas gegen Deutsche zu haben. Sie hatten den Einmarsch der Deutschen 1939 erlebt, den Terror des SS-Führers und Reichsprotektors Heydrich, die Erschießung von Geiseln und Partisanen. Vorausgegangen war ein jahrzehntelanger unerquicklicher Nationalitätenstreit. Nach der Gründung der tschechischen Republik 1918 bestanden die Deutschen auf Rechten und Ansprüchen aus der Vergangenheit, die Tschechen dagegen versuchten, einen Nationalstaat unverwechselbar tschechischer Prägung zu etablieren. Seit der Renaissance des tschechischen Nationalbewußtseins im 19. Jahrhundert hatte sich das Verhältnis zwischen beiden Gruppen immer weiter verschlechtert. Die deutschen Böhmen beharrten auf dem Vorrang der deutschen Sprache, die jahrhundertelang als eine Art Verwaltungsesperanto im böhmischen Teil des Habsburgerreichs in Gebrauch gewesen war. Die tschechischen Böhmen empfanden den Vorrang des Deutschen immer stärker als Demütigung. Am Vorabend des Ersten Weltkriegs artete dieser Sprachenstreit in ein Ringen um Lächerlichkeiten aus. Alles gab es nun zweimal, einmal deutsch und einmal tschechisch: Theater, Symphonieorchester, Bahnhofsinschriften, Straßenschilder. Zwischen beiden Völkern bestand kein gesellschaftlicher Kontakt mehr. Und durch den Einmarsch der Deutschen 1938 ins Sudetenland war für die Tschechen die Grundlage des rund tausendjährigen Zusammenlebens endgültig zerstört worden.

„Nach dem Krieg", erzählt meine Nachbarin, „mußten wir Deutschen Armbinden mit einem N tragen, für „nemecky", also „deutsch". Nazisympathisanten – und das waren alle, die nicht als Antifaschisten hervorgetreten waren – bekamen weiße Binden; Nazigegner rote. In der Praxis hat das wenig Unterschied gemacht. Wir mußten unser Haus verlassen, das Haus, in dem ich aufgewachsen bin; es steht heute noch, keine zehn Meter von der Elbe entfernt. Bei Schneeschmelze kam das Wasser bis an die Tür, da mußten wir manchmal mitten in der Nacht zu meiner Tante auf den Berg. Ich höre heute noch das Tosen und Poltern der Steine in der Elbe. Nun, jedenfalls mußten wir ausziehen und bekamen ein einziges Zimmer in der Nachbarschaft zugewiesen. Und eines Tages kam ein Tscheche und bot uns einen Spottpreis für unser Haus. Da haben wir den Zug nach Dresden genommen, am 24. Dezember 1945." Seither sind sie Vertriebene. Sudetendeutsche.

„Schauen Sie sich den Friedhof von Vrchlabi an", sagt jemand, der bisher zugehört hat. „Und lassen Sie sich nicht einen Rundflug mit einer Antonov entgehen." Am nächsten Morgen entscheide ich mich zunächst für den Rundflug.

Vrchlabi liegt dort, wo die Elbe aus dem Gebirge heraustritt. Seine größte Attraktion befindet sich auf einer großen, ebenen Wiese vor der Stadt. Zunächst fallen die langen Reihen geparkter Autos auf, und wenn man die Hügelkuppe erreicht hat, springen sie einem förmlich ins Auge, die großen, bananengelben Doppeldecker – einmotorige Antonovs, die heute noch in Polen gebaut werden nach sowjetischen Plänen von 1946. Diese Information erhalte ich während des Flugs vom Piloten persönlich – die zehn bis zwölf Fluggäste, die auf einen Rundflug mitgenommen werden, dürfen sich im Bauch des Flugzeugs frei bewegen, Sicherheitsgurte gibt es ohnehin keine, und auch gegen ein Gespräch mit dem Piloten erhebt niemand Einwände. Gemächlich wie in der Gondel einer Seilbahn nähern wir uns dem Kamm des Riesengebirges. Zwischen den beiden Tragflächen erscheint der geschwungene Gipfel der Schneekoppe, dahinter liegt Polen, und auch das Quellphantom läßt sich noch einmal blicken. Nach einer Viertelstunde rollt die Maschine erstaunlich sanft auf der Start- und Landewiese aus. An schönen Tagen kommt der große Rotor bis zum Sonnenuntergang nicht zum Stehen. Und wenn einmal keine Touristenschlangen am Rand des Flugfelds warten, sprühen die Antonovs Kalk über die sterbenden Wälder des Riesengebirges.

Der Friedhof von Vrchlabi ist ein Ort, an dem das Drama der deutsch-tschechischen Beziehungen ganz Gegenwart, ganz greifbare Realität ist. Entlang der Einfassungsmauer des Friedhofs an einem Berghang über der Stadt reihen sich die Grabhäuser vornehmer deutscher Familien aus der Zeit, als Vrchlabi noch Hohenelbe hieß: Wenzel Ettel, Spinnereibesitzer, Erhard Ettel, Bleichereibesitzer. Johanna Ettel, Bleichereibesitzersgattin. Franz Richter, Zuckerbäcker. Marie Richter, Zukkerbäckerswitwe. Anselma Richter, Zuckerbäckersgattin. Eine uneinnehmbare Festung deutscher Tüchtigkeit, durch Goethe-Zitate zusätzlich gesichert.

Aber der Friede, in dem diese Bleichereibesitzer und Zuckerbäcker mit ihren Gattinen und Witwen ruhen sollen, ist gestört worden. Die Grabhäuser sind beschädigt und dem Zerfall überlassen. Die rostige Klinke der deutschen Friedhofskapelle läßt sich nicht mehr bewegen. Im Innern starrt eine übermannshohe Christusstatue auf Trümmerreste am Fußboden. Dem Mausoleum der Familie Rotter entströmt der Duft von Heu, die Ballen reichen einem Gekreuzigten an der Rückwand bis unter die ausgebreiteten Arme.

Von Hostinné nach Kuks: Ein barockes Welttheater

Strenggenommen existiert die Elbe am Anfang dreifach. Außer der, welcher ich bisher gefolgt bin, gibt es die Weiße Elbe, die noch in der Schlucht auf den kurzerhand als Elbe bezeichneten Bergbach trifft, und dann die Kleine Elbe, die sich mit der inzwischen zum Flüßchen angewachsenen erst in der Ebene vereinigt. Unterhalb dieses Zusammenflusses liegt Hostinné, einst Arnau geheißen. Das Städtchen ist eine düstere, verlebte Schöne. Wie finstere Aushöhlungen wirken die Arkadengänge am Marktplatz, und nur das Rathaus mit seiner frischeren Tünche und den zwei turmhohen Riesengestalten an der Fassade hellt das Bild etwas auf.

Meine Führerin durch die Krkonose-Papierfabrik ist autorisiert, mir alle Abteilungen zu zeigen. „Vor kurzem wäre das noch undenkbar gewesen", sagt sie lachend. „Nicht einmal einen prüfenden Blick will der Herr Leiter auf Sie werfen." Dann verfällt sie in den alten, offiziellen Ton. „Die Elbe, die hier mitten durch das Fabrikgelände fließt, ist für die Papierherstellung seit langem von größter Bedeutung. Dieses Werk wurde 1842 gegründet. Heute ist es mit rund 2300 Arbeitern die größte Papierfabrik Ostböhmens. 50 Prozent der Erzeugnisse gehen in den Export, auch nach Deutschland."

Wir gehen unter einem großen Gebäude mit eingefallenen Fenstern vorbei. „Unsere alte Zellstoffabrik. Im Jahre 1985 haben wir sie stillgelegt. Vorher ist die Elbe bis hinunter nach Königgrätz praktisch ein totes Gewässer gewesen. Das kleine Hostinné mit seinen 5000 Einwohnern hat damals eine Wasserverschmutzung verursacht wie eine Stadt von einer halben Million Einwohnern. Heute beziehen wir den Zellstoff überwiegend aus Skandinavien." Wir kommen in eine große, lärmerfüllte Halle und treten an ein Becken, in dem sich weiße Zellstoffplatten in schäumendem Wasser langsam auflösen. „Um eine Tonne Papier herzustellen, benötigen wir nur 50 Kubikmeter Elbwasser", erklärt sie, wie mir scheint, nicht ohne Stolz. „Das gebrauchte Wasser wird wiederaufbereitet und in den Kreislauf zurückgehen. Dieses Verfahren ist sparsam und garantiert gleichzeitig gute Wasserqualität. Die Elbe ist hier ja noch klein, also können wir nicht viel Wasser entnehmen. Und für weißes Papier braucht man sauberes Wasser. Früher, als wir die Wasseraufbereitung noch nicht hatten, konnte bei Tauwetter nur farbiges Papier gemacht werden, weil das Elbwasser voller Chemikalien von den Äckern war."

In jeder Abteilung, die wir durchlaufen, dröhnt und heult es anders. Nach und nach werden der Papiermasse jetzt Chemikalien zugesetzt, die dem Papier so wichtige Eigenschaften verleihen wie die, sich beim Schreiben nicht mit Tinte vollzusaugen. Aber, und darauf legt meine Führerin wieder großen Wert, diese Chemikalien werden nicht dem Wasser beigemengt, sondern direkt auf das Papier aufgestrichen. Und irgendwann wird das Wasser dann doch in die Elbe zurückge-

Seite 22/23: Wie finstere Höhlen wirken die Arkadengänge am Marktplatz von Hostinné.

Vom Schloß des Grafen Sporck hat ein Feuer nur die Treppe übriggelassen – vielleicht, weil links und rechts in den Brüstungen Wasser sprudelte.

leitet, nicht ohne zuvor gründlich geklärt worden zu sein.
Später, bei einer Tasse Kaffee im Büro meiner Führerin, komme ich auf den unübersehbaren Verfall von Hostinné zu sprechen. „Wissen Sie das denn nicht?" sagt sie. „Wenn alles nach Plan gelaufen wäre, dann stände das Wasser heute 50 Meter hoch über dem Marktplatz. Vor dreißig Jahren wurde die Absicht der Regierung bekannt, die Elbe unterhalb von Hostinné zu stauen, um sie bis über Königgrätz hinaus schiffbar zu machen. Über kurz oder lang wäre Hostinné in den Fluten der Elbe versunken. Niemand hat mehr einen Heller in die Stadt investiert. Nach zahllosen Gutachten aber stand fest, daß der Boden hier im Tal wasserdurchlässig ist. Da wurde das Projekt fallengelassen." Es scheint, daß es noch eine Weile dauern wird, bis Hostinné aus seiner Trance ganz erwacht ist.
Auf der Weiterfahrt nach Kuks kommt man in dem Dorf Žireč an einem weißen Tempelchen vorbei, aus dem ein blaugekleideter Christus die segnende Hand hervorstreckt – überlebensgroß, aber sehr lebensecht. Über die Schulter blicken ihm Gottvater und zwei Engel, und an der Decke flattert der Heilige Geist als Taube. Die Dreifaltigkeit im Großformat – bisher die eindruckvollste Demonstration göttlicher Allgegenwart in einem Land, wo man auf Schritt und Tritt barock verdrehte Heilige am Straßenrand und hochaufragende Mariensäulen mit ganzen Bischofskonferenzen auf den Sockeln im Zentrum der Städte antrifft. Zu ihrer Zeit müssen diese Statuen eine katholisch-propagandistische Dauerberieselung dargestellt haben. Und die ist, aus der Sicht der Kirche, auch nötig gewesen, denn lange Zeit hatte es danach ausgesehen, als ginge ganz Böhmen, mit Ausnahme des Herrscherhauses, dem Katholizismus verloren.
Im Jahr 1618 führte der Machtkampf zwischen der reformierten Bürgerschaft Böhmens und der katholischen Krone zum Fenstersturz von Prag, dem Auslöser des Dreißigjährigen Kriegs. Dem konzentrierten Angriff der katholischen Streitmacht hatten die in Lutheraner, Adamiten, Stablarier, Clankularier, Deklaranten, Dämonier und Konkubiten zersplitterten Protestanten trotz ihres großen Anhangs wenig entgegenzusetzen. Seinem Sieg auf dem Schlachtfeld 1620 ließ der Kaiser eine einfache Gleichung folgen: Protestantismus ist Untreue – Ketzertum ist politische Opposition. Den böhmischen Protestanten blieb nur die Wahl zwischen Übertritt zum katholischen Glauben und Exil.
Vornehmlich Jesuiten mit ihrer Vorliebe fürs Prunkvolle übernahmen danach die Wiederherstellung einer katholischen Kultur in Böhmen. Vom Standpunkt der ewigen Seligkeit aus läßt sich gewiß nur schwer entscheiden, ob man diese Entwicklung bedauern oder begrüßen soll. Im Hinblick auf die künstlerische Ausgestaltung böhmischer Städte, Schlösser und Landstraßen aber ist der Katholizismus zweifellos das größere Glück gewesen.
Doch alles, was bisher an Bildhauerarbeiten zu sehen gewesen ist, wird in dem unscheinbaren Dörfchen Kuks in den Schatten gestellt. Seinen Namen hat es von einem alten deutschen Wort für den Schürfanteil an einem Goldbergwerk – in Amerika würde man „claim" sagen. Und seine Einzigartigkeit verdankt es einer dubiosen Heilquelle, ei-

Dieses Hospital sollte für alle Zeiten „100 armen und mühseligen Männern sowie preßhaften Soldaten", also Kriegsinvaliden, offenstehen.

nem genialen Bildhauer und einem skurrilen Grafen.

Ich fahre die Dorfstraße hinunter zum Elbufer. Aus einer kleinen Eckkneipe dringen Männerstimmen, daneben führt eine herrschaftliche Treppe aus hellem Sandstein hinauf ins Nichts. In die Brüstungen links und rechts der Treppe sind breite Rinnen eingelassen, in denen flache Schalen wie Kaskaden von oben nach unten laufen, wo sie in vasenähnlichen Auffangbecken enden. Ganz offenbar ist diese Treppe, als sie noch nicht ins Nichts führte, mit einer Wasserkühlung versehen gewesen zur Erleichterung des Aufstiegs von Personen, die an ausgefallene Annehmlichkeiten gewöhnt waren. Oben angekommen schaue ich mich um und habe das Bild eines mächtigen Barockgebäudes auf der Höhe des gegenüberliegenden Ufers vor mir, dessen Fassade unter den warmen Strahlen des schrägeinfallenden Lichts zu vibrieren, ja zu tanzen scheint.

Ich überquere die Brücke, steige den schurgeraden Weg in Verlängerung der wassergekühlten Treppe hinauf und stehe auf der Terrasse zu Füßen des monumentalen Bauwerks inmitten großer Steinfiguren, deren Bewegungen die Luft in Aufruhr zu versetzen scheinen, so daß ihre Gewänder wie Fetzen von Gewitterwolken fliegen. Gerade vor mir tanzt eine junge Frau als Allegorie der christlichen Religion mit aufgeschlagener Bibel einem Gerippe auf den Knochen herum. Daneben schließt sich bis zum Ende der Terrasse das Ballett der Todsünden an, und alle frönen sie ihren abscheulichen Lastern mit soviel demoralisierender Lust, daß man sie beinahe als Aufforderung verstehen könnte, die eine oder andere kleine Todsünde zu begehen: Die Spottsucht zeigt grinsend ihre spitze Zunge, der Putzsucht neidet ein trübsinniger Affe die Schönheit und das frivole Lächeln, das sich in einem steinernen Spiegel in ihrer Linken wiederfindet, die Lüsternheit ist eine lustige Alte mit Schwein, und der Leichtsinn tanzt – unbekümmert vergnügt, selbstvergessen, leichtsinnig.

Später, als ich in einem Kellerraum des Gebäudes über der Ortschronik sitze, erfahre ich, daß alle diese Skulpturen ursprünglich bunt bemalt gewesen sind. Man kann sich die Wirkung kaum vorstellen. Aber schließlich, was ist an der Geschichte von Kuks nicht alles unglaublich?

Ein gewisser Sporck aus Westfalen, Sohn armer Bauern, hatte es im Dreißigjährigen Krieg und in den Türkenkriegen zum Grafen und General gebracht. Er war als kernig und wortkarg bekannt, und vor der Entscheidungsschlacht gegen die Türken riet er Gott in einem improvisierten Feldgebet im Angesicht seiner Truppe, nicht für die falsche Seite Partei zu ergreifen, und versprach ihm für den Fall seiner Neutralität, seinen Spaß an der Schlacht zu haben. Gott bekam seinen Spaß: Sporck triumphierte, die Türken gingen unter, und seither erschien der Graf auf Bildern stets mit einem abgeschlagenen Türkenkopf unter dem rechten Schuh. Er trieb sich auf allen europäischen Schlachtfeldern herum, bis er 80 Jahre alt war, und starb neun Jahre später, gewissermaßen aus Langeweile.

Sein Sohn Franz Anton beschließt, weder aus Langeweile noch im Krieg zu sterben. Sein Naturell neigt zum Phantastischen wie zum Abstrusen. Da er über die nötigen Mittel verfügt, kann er seinen Neigungen die Zügel schießen lassen. 1694 läßt er das Wasser einer Quelle in der Nähe von Kuks, das im Ruch heilbringender Kräfte steht, von der medizinischen Fakultät der Prager Universität untersuchen. Das Gutachten fällt sehr günstig aus. Später tauchen Zweifel an seiner Echtheit auf – einem Menschen von dem unbekümmerten Eigensinn Sporcks traut man die Fälschung wohl zu. Allein, da hat er seinen Traum schon realisiert und Kuks in ein mondänes Heilbad verwandelt, das dem berühmten Karlsbad Konkurrenz machen soll. Jetzt steht an der Elbe ein Schloß mit einer Treppe, an der das Wasser seiner Quelle in Kaskaden seitlich hinabläuft, durch den Rükken eines steinernen Zyklopen in einen Teich hinein. Der Zyklop hat ein Spielwerk im Rükken, das Musik macht, wenn das Wasser hindurchfließt, so daß die Gäste des Grafen nicht nur erfrischt, sondern auch von Sphärenklängen begleitet sein Schloß erreichen. Dort sind im Erdgeschoß die Wannenbäder untergebracht, im Obergeschoß wohnt Sporck selbst.

Des weiteren läßt er Gasthäuser errichten, ein „Haus der Philosophen“ mit einer Bibliothek von 50 000 Bänden, ein hölzernes Theater zur Aufführung deutscher und italienischer Opern und eine Druckerei zur Vervielfältigung von Streitschriften, die der Graf zu Hunderten verfaßt. Jenseits der Elbe stehen etliche Windmühlen, dazwischen liegt eine Rennbahn, auf die groteske Zwergenfiguren von hohen Sockeln hinunterschauen, und schließlich, auf der Anhöhe, der wuchtige Bau des Hospitals mit einer Kirche in der Mitte, in deren Gruft sein Vater, der Türkengeneral, ruht. Im Garten des Hospitals sollen, aus therapeutischen Gründen, wilde und seltene Tiere gezeigt werden – einer der wenigen Einfälle Sporcks, die sich nicht realisieren lassen.

Und Sporck investiert in alles, was nach Kunst riecht. Er überredet den mit 28 Jahren bereits zu Ruhm gelangten Tiroler Bildhauer Matthias Braun, nach Kuks zu kommen, und überschüttet ihn mit Aufträgen. Zeitweilig beschäftigt Braun sechs Mitarbeiter, um alle Aufträge bewältigen zu können: Er erschafft ein komplettes barockes Welttheater mit Tugenden und Lastern, Seligpreisungen und Todsünden, Bischöfen und Heiligen – und alles, was seine Werkstatt verläßt, ist an der Wildheit der Bewegungen, der Lebenskraft der Körper, dem fiebrigen, ekstatischen Temperament zu erkennen.

Sporck inszeniert sein Kuks als Bühne der Künste und Lüste, auf der er sich nicht allein amüsieren will. Wenn er Könige einlädt, dann kommen sie – und wenn er Johann Sebastian Bach einlädt, dann kommt auch der. Er bietet jede Art von Unterhaltung und wird selbst wohl die größte Attraktion gewesen sein. In nahezu allen Dingen nimmt er sich die Freiheit, der herrschenden Meinung zu widersprechen – und führt bis zu 30 Prozesse gleichzeitig. Seine Lieblingsprozeßgegner sind die Jesuiten im nahen Dörfchen Žireč und ein gewisser Anwalt namens Neumann. Sporck beauftragt seinen Bildhauer Braun, ein Spottbild von Neumann herzustellen. Kaum ist die komisch steife Riesengestalt des Anwalts aufgestellt, reicht Neumann die nächste Klage ein. Mit juristischen Mitteln ist dem Witz des Grafen aber in diesem Fall nicht beizukommen. Sporck läßt der Neumann-Skulptur gegenüber einen kleinen, hohngrinsenden David mit Schleuder anbringen und tauft die Figur des Anwalts kurzerhand in Goliath um. David und Neumann-Goliath sind heute noch in Kuks, gegenüber der Schule, zu sehen.

1738 stirbt der Graf Sporck, „nachdem er viel Aufsehen erregt hat“. Das Gesellschaftsleben in Kuks erlischt kurz darauf. Das Hospital auf der anderen Flußseite aber nimmt seine Arbeit jetzt erst auf. Nach Sporcks Willen soll es für alle Zeiten „100 armen und mühseligen Männer sowie preßhaften Soldaten“, also Kriegsinvaliden, offenstehen. Und da der Graf mit den Tücken des Pflegewesens vertraut gewesen zu sein scheint, hat er verfügt, daß allen Bewohnern einmal im Monat die Liste ihrer Ansprüche und Rechte verlesen werde – die nächste Beschwerdeinstanz für die Invaliden ist kein geringerer als der Bischof von Königgrätz.

Was heute noch steht, ist dieses Hospital, vor dem die Braunschen Skulpturen tanzen. Und die Treppe, die wassergekühlte. Das Schloß ist irgendwann abgebrannt, den Rest hat die Elbe mitgenommen. Im Inneren des Hospitals aber kann man noch Spuren der philantropischen Utopie des Grafen Sporck entdekken: Gemälde aus den glanzvollen Tagen von Kuks und eine barocke Apotheke mit schön bemalten Arzneischränken, einem Lebensbaum mit Granatäpfeln aus Bronze auf der

Vom Eingang zum ehemaligen Schloß des Grafen Sporck sind nur diese beiden Tritonen und ein Wappen übriggeblieben.

Theke und dem Kopf eines Einhorns über der Tür, dessen geschraubtes Antilopenhorn zwei Meter tief in den Raum hineinragt.

Unweit von Kuks steht ein Wald aus hohen Birken, zu Fuß vom Dorf aus gut zu erreichen. Hierhin zog sich Braun in den letzten Jahren seiner Tätigkeit für Sporck immer häufiger zurück.

Braun wandte sich den Felsen zu, die aus dem Waldboden ragten, und verwandelte sie in Gestalten aus der Steinzeit des Christentums. Diese Gestalten sind verstreut, wie es die Felsen waren, und wie Erscheinungen tauchen sie nach und nach am Wegrand auf: ein Eremit, der auf allen Vieren vor seine Höhle gekrochen ist, mit seinem Bart behängt, den wildverzückten Blick ins Leere gerichtet. Oder Hieronymus, über einem Totenkopf betend, jeder Muskel des nackten Körpers angstgeschwollen, ein Bild quälenden Zweifels. In diesem Wald hat Braun seine Gegenwelt geschaffen zur munteren Todsündenparade auf der Terrasse des Hospitals – eine Welt, die von Gott genauso weit entfernt ist wie von der Zivilisation.

Im Birkenwald bei Kuks verwandelte der Bildhauer Matthias Braun die Felsen, die aus dem Boden ragten, in Gestalten aus der Frühzeit des Christentums.

Josefov und Chlum: Die Preußen ziehen vorüber

Ist Kuks eine Vision des Friedens, so stellt Josefov die Verwirklichung eines Traums vom Krieg dar. Freilich eines Traums aus dem 18. Jahrhundert. „Josefov war die größte Festung Österreichs, der Stolz der k.u.k. Monarchie", sagt der kleine, alte Herr, der mich durch die unterirdischen Gänge und Kasematten von Josefov führen wird. Er schließt eine niedrige Tür in einer hohen Ziegelmauer auf, die zum Festungswerk gehört, welches die ganze Stadt sternförmig, vor- und zurückspringend, umgibt. Tageslicht fällt auf einen Haufen kleiner Zinkwannen hinter der Tür, die alle mit einem Handgriff versehen sind und einem mehr oder weniger heruntergebrannten Kerzenstummel. Ich suche mir die Wanne mit der längsten Kerze heraus, mein Festungsführer zündet sie an und verriegelt von innen die Tür.

„Im 17. und 18. Jahrhundert", hebt er an, feierlich wie ein Orakel, „lösen Festungen die mittelalterlichen Burgen ab. Die schlechten Erfahrungen mit Preußen im Siebenjährigen Krieg haben in Österreich den Wunsch geweckt, die nördlichen Grenzen zu sichern. Für Josefov werden 500 Millionen Ziegel gebrannt. Sie sind extrem hart, statt vier Kilo wiegt jeder neun. Bergleute aus Kuttenberg graben die unterirdischen Gänge. Hier sehen Sie das Ergebnis: mit 46 Kilometern Länge das weitläufigste System unterirdischer Festungsgänge der Welt. Sie stoßen unter den Festungsmauern hindurch eineinhalb Kilometer ins Überflutungsterrain vor. Natürlich konnte das Umland von Josefov unter Wasser gesetzt werden. Wir haben ja die Elbe."

Langsam kann ich die schwarzen Öffnungen der hin und wieder abzweigenden Verbindungsgänge unterscheiden und meinen Führer, der ohne Zögern ins Dunkel hineinläuft. Nein, sagt er, er brauche kein Licht. Jeden der 46 Kilometer kenne er im Schlaf. „Und wissen Sie", fügt er hinzu, „auch die Soldaten hier unten durften kein Licht machen. Hier wurde ja Schießpulver transportiert und gelagert, da konnte jeder Funke zur Explosion führen. Hier, schauen Sie." Er zeigt auf eine Zahl aus eisernen Ziffern in Schulterhöhe an der Wand, 279. „Die wurden mit der Hand gelesen. In der einen Hand das Gewehr, und die andere war frei zum Tasten. So hat man sich orientiert."

In einem größeren Raum, von dem mehrere Gänge abgehen, hält er an. „Dies ist der Versammlungsraum. Hier besprachen die Verteidiger die Lage. Und dies", der kleine Mann betritt mit eingezogenem Kopf einen engen, moostropfenden, ansteigenden Gang, „ist eine von 700 Abhörminen." Wir gehen gebückt bis zum Ende, wo der Gang in eine kleine Kammer einmündet. „Hier liegen die Soldaten und lauschen. Der Feind versucht ja nicht, die Festung zu stürmen. Der Feind versucht, die Festung zu untergraben. Und die Soldaten in der Abhörmine können das hören. Sie geben Bescheid an den Kommandanten, damit die nächste Sprengmine gezündet wird. Dann bricht die Schanze über dem Feind zusammen. Ja", sagt er, „es war an alles gedacht."

Wir kehren in den Hauptgang zurück, in den nach einer Weile plötzlich blaß das Tageslicht fällt. „Rings um die Schanzen läuft die

Seite 32/33: Die Festung Josefov war der Stolz der k. u. k. Monarchie. Weite Teile sind heute von Strauchwerk überwuchert.

Nach der Schlacht bei Königgrätz kamen die Bildhauer. Zum Gedenken an die Toten schufen sie Löwen und adlergeschmückte Säulen.

Schießgalerie mit den Schießscharten", fährt er mit vernehmbaren Entzücken fort. „Sie zielen alle auf den Graben zwischen dem Glacis und der eigentlichen Festung. Wenn der Feind in den Graben drängt, dann kann er von hier beschossen werden. Und das Neueste, bitte schauen Sie nach oben" – hoch über der Schießscharte erkenne ich ein winziges Stück Himmel – „sind die Abzugskamine für den Pulverdampf. Jeder Schuß erzeugte viel Rauch. Und so hatten alle Gänge immer frische Luft."

Ich habe den Eindruck, daß Festungen zu ihrer Zeit das Lieblingsspielzeug der Militärs gewesen sind, so etwas wie das SDI-Programm des 18. Jahrhunderts. Aber die schönste Festung nützt nichts, wenn sich keiner findet, der sie angreift. Mit meiner letzten Frage warte ich, bis wir wieder im Freien sind. „Nein", gesteht mein unterirdischer Festungsführer, „Josefov ist niemals angegriffen worden. 1866 sind die Preußen einfach an Josefov vorbeimarschiert. Auf den Schanzen standen die Kanoniere und warteten auf den Feind, aber der Feind zog 50 Kilometer entfernt vorbei. So weit können die Kanonen nicht schießen. Traurig für Österreich."

Ungeachtet seiner Sinnlosigkeit ist Josefov sehenswert – auch das überirdische. Wo immer es ums Töten geht, herrscht größte Ra-

tionalität, so auch in Josefov: wie auf Millimeterpapier entworfen das rechtwinklige Muster der Stadt, die langen Straßenfluchten wie mit dem Lineal gezogen. Das Maria-Theresia-Gelb der gleichmäßigen Häuserfronten und das Weiß der Fensterrahmen mildern etwas die Strenge des Entwurfs.
Hier am Tageslicht muß ich mich nach einem neuen Führer umsehen. Ich finde ihn in einem Passanten mit Einkaufstüte, der keine Eile zu haben scheint, ein alter Mann auch er. „Die jungen Leute verlassen Josefov", sagt er. „Nach dem Krieg ist die Stadt Jaroměř zugeschlagen worden, das liegt drüben, jenseits der Elbe. Seither wird für Josefov nichts mehr getan." Wir kommen an der alles überragenden, quittengelben Garnisonkirche vorbei, mit ihrem römischen Giebelfries und den angeklebten Theatersäulen. Gegenüber liegt das ehemalige Rathaus. Das Portal steht gähnendweit offen, ein kleiner Hund läuft hinein ins Treppenhaus, hebt sein Bein und trippelt wieder heraus.
„Hier gab es früher eine Sammlung von Uniformen und Waffen aus dem Preußenkrieg, wie es sich für eine Festungsstadt gehört. Die wurde weggeschafft nach Jaroměř und von dort vermutlich auf die Hütten unserer damaligen Parteibonzen im Riesengebirge als Dekoration verteilt. Jedenfalls – sie ist spurlos verschwunden." „Und jetzt", sage ich, „wo es die Bonzen nicht mehr geben dürfte?" „Wir in Josefov werden sie nicht wiedersehen. Ich denke, unsere Sammmlung wird nach und nach im Westen wiederauftauchen. Bei Ihnen in Deutschland, vermutlich."
Ich lasse die leidgeprüfte Stadt, deren glücklicherer Teil unter der Erde liegt, hinter mir und schlage die Richtung nach Königgrätz ein. Der Weg folgt in einigem Abstand der Elbe, die nun seit ihrer Quelle stetig nach Süden fließt. Es ist der Weg, der die preußische Armee unter General Moltke 1866 zu einer der blutigsten Schlachten des 19. Jahrhunderts geführt hat. Man kann weit sehen in dieser Gegend. Das flache Land läuft in sanften Schwüngen von einem Horizont zum anderen. Die glänzende Fläche der Kornfelder wird hier und da von kleinen Wäldern unterbrochen. Überall ragen die Türme kleiner Kirchen aus verstreuten kleinen Dörfern. Tiefer kann der Friede nicht sein.
Die erste Steintafel mit einer Totenliste entdecke ich hinter einem Gartenzaun. Dann häufen sich die Gedenktafeln, am Straßenrand, zwischen Gemüsebeeten. Rund um die Kirche von Problus ist ein Wald von Obelisken eingepflanzt, die summarisch ganzer untergegangener Truppenteile gedenken: „Das 8. Westfälische Infanterieregiment seinen gefallenen Offizieren und Mannschaften. Es starben den Heldentod die Leutnants ..."
Aus den Lichtungen rings um das Dörfchen Chlum ragen Säulen, zu deren Füßen Löwen schlafen, und adlergeschmückte Kegel, in deren Sockeln auf Deutsch und auf Tschechisch die Treue bis in den Tod beschworen wird. Alle diese Monumente tragen das Datum des 3. Juli 1866.
An diesem verregneten Tag trifft die österreichische Nordarmee, unterstützt von Hannoveranern, Sachsen und Bayern, nördlich von Königgrätz auf drei preußische Armeen, verstärkt durch italienische Regimenter – zusammen etwa 400 000 Mann.
Zur gleichen Zeit entspinnen sich abenteuerliche diplomatische Aktivitäten. Hinter den Kulissen hat Bismarck Kontakt zur ungari-

Aus dem Gebirgsbach ist inzwischen ein schmaler Fluß geworden, der sich durch eine zauberhafte Auenlandschaft schlängelt.

schen Unabhängigkeitsbewegung und zu tschechischen Nationalisten aufgenommen. Für den Fall, daß Frankreich Österreich zu Hilfe kommt, soll ein Bürgerkrieg in der Donaumonarchie entfacht werden. Auch einer serbischen Aufstandsbewegung sagt Bismarck seine Unterstützung zu. Den Tschechen stellt er die Verwirklichung ihrer nationalen Wünsche in Aussicht.

Am Abend des 3. Juli 1866 zählt man 20 000 Tote, überwiegend Österreicher. Als Sieg bei Königgrätz wird der Ausgang der Schlacht in Preußen gefeiert. Frankreich verhält sich ruhig, Wien geht überraschend schnell auf die preußischen Friedensbedingungen ein. Auf Anordnung Bismarcks werden die Vorbereitungen zum Aufstand in Ungarn und Serbien daraufhin abgebrochen. Sein Ziel, Österreich aus dem Deutschen Bund auszuschließen, ist erreicht. Preußen ist die unangefochtene Führungsmacht in Deutschland.

Auf dem Schauplatz der schlimmsten Kämpfe, bei Chlum, steht ein kleines Kriegsmuseum. Dort zeigt man den Schädel eines österreichischen Jägers mit einem Loch in der Mitte der Stirn. Sein Gewehr in der Vitrine daneben erlaubte zwei Schuß pro Minute. In dieser Zeit hatte der preußische Jäger mit dem Gewehr, das eine Vitrine weiter hängt, bereits sechs Schüsse abgegeben.

Königgrätz: Ein Hauch von Habsburg

Endlich Königgrätz – der einzige, hauchdünne Faden, der mich mit Böhmen verbunden hat, seit ich als Kind die Königgrätzer Straße entdeckte. Inständiger als bei anderen Städten hoffe ich, daß sie mich nicht durch Unansehnlichkeit enttäuschen möge – wie bei einer Brieffreundin, die man zum ersten Mal sieht.

Sie ist eine der ältesten Städte in Böhmen. Ihr slawischer Name Hradec Králové müßte eigentlich als „Königinnengrätz" – oder „Königinnenburg" – übersetzt werden. Denn Hradec Králové ist der traditionelle Alterssitz böhmischer Königinnenwitwen gewesen. Wie ganz anders hätte Königinnenburger Straße geklungen!

Ich steige im Hotel „Paříž" ab. Es gibt, wie ich später erfahre, auch ein Interhotel, aber das sieht aus wie moderne Hotels überall auf der Welt aussehen. Das „Paříž" sieht anders aus. In dem Gang, der zur Rezeption führt, herrscht ein familiärer Verkehr. Die Rezeption hat große Ähnlichkeit mit einer Tropfsteinhöhle. Dort waltet, bei spärlicher Beleuchtung, ein kleiner, alter Mann, in dessen gebeugten Leib der Geist der k.u.k. Monarchie gefahren zu sein scheint. Er redet mich mit „Mein Cherr" an und läßt mir die zeremoniösen Liebenswürdigkeiten angedeihen, die man aus österreichischen Schwarzweiß-Filmen kennt.

Das Zimmer im ersten Stock ist groß, hell und bis auf etwa drei Einrichtungsgegenstände, darunter ein Bett, vollständig kahl. Im verwinkelten Badezimmer gibt es Grund, über die harmlose Willkür der Direktion zu schmunzeln, welche in einem Einzelbettzimmer fünf Zahnputzbecher und sieben Stückchen Seife bereitstellen läßt.

Das Hotel liegt etwas abseits der Hauptstraße, welche die Neustadt durchquert. Diese Neustadt ist ganz einheitlich im Stil der frühen tschechischen Republik erbaut, einer nüchternen nationalen Variante des österreichischen Jugendstils, die mit relativ wenigen Reliefs biegsamer nackter Mädchenleiber an den Häuserfronten und einer gedämpften Himbeerfarbigkeit auskommt. Der Weg zur höhergelegenen Altstadt führt über die Elbe, durch zwei Triumphbögen aus farbigen Glühbirnen hindurch. Schwäne fliegen mit schlängelnden Hälsen dicht über den grünen Spiegel des Flusses.

Das Herz der Altstadt ist ein riesiger, langgestreckter Marktplatz. Gotische Kirchtürme, Rathaustürme, barocke Kirchtürme und das Figurenensemble einer Mariensäule zeichnen sich nach allen Seiten schwarz gegen den Abendhimmel ab. Um diese Stunden steigt sie also wieder herauf, die ganze sinnliche Schönheit des alten habsburgischen Provinzstädtchens. Hinter den geöffneten Fenstern eines der frisch renovierten Domherrenhäuser backen schweigsame Nonnen Plätzchen – vermutlich für den Bischof, der unlängst erst aus deutschem Exil in sein Barockpalais am Markt zurückgekehrt ist.

In den Gassen hinter dem Markt herrscht ei-

Seite 38/39: Ein Stück Technikgeschichte repräsentiert das 1911 erbaute Königgrätzer Kraftwerk.

1893 wurden die Befestigungswerke der Stadt Königgrätz geschleift. Daran erinnert die Plastik „Die Dame Königgrätz schaut ihrer Entfestung zu".

ne menschenleere Finsternis. Als ich ein Bierlokal entdecke, in dem es zu meiner Freude hoch hergeht, so daß ich Lust verspüre, mein Tschechisch an einem Tischnachbarn auszuprobieren – da ist es beinahe schon zu spät. Gerade noch eine Flasche Bier für den Heimweg gibt es jetzt, um kurz vor zehn, und dann wird es auch um diesen Ort still. Bald bin ich wieder allein zwischen den schwarzen Mauern der Kasernen, der halbverfallenen Paläste und Wohnhäuser, in denen hin und wieder ein Fenster bläulich schimmert – unklar, ob vom Mond oder dem Fernseher.

Am nächsten Morgen, die Uhr am Bahnhofsturm zeigt Viertel nach sechs. Immer neue überfüllte Busse schieben sich vor den Haupteingang, halten mit quietschenden Bremsen und fauchenden Türen. Die Scheinwerfer der Busse werfen Streiflichter auf Menschenmassen, die in den Bahnhof hinein wollen oder aus dem Bahnhof heraus wollen oder vor dem Bahnhof auf andere Busse warten. Die Bahnhofshalle innen ist von einem monumentalen Kubismus, aus beigem Marmor und graublauen Kacheln bis hinauf zum verglasten nachtschwarzen Hallendach, ein gigantisches Foyer zur Unterwelt. Am Boden Spielautomaten und Zeitungsverkäufer, Menschen, die auf langen Holzbänken sitzen und warten, meterhohe Fahrpläne mit verschiebbaren Ziffern und Buchstaben. Eine Seitentür öffnet sich – dahinter ein großer, weißgekachelter, in grelles Neonlicht getauchter Raum. In der Mitte eine Menschenmenge an schmalen, brusthohen Tischen, die unter dem Andrang einer wachsenden Zahl Hungriger immer enger zusammenrückt. Links, wo das Frühstück ausgegeben wird, kleben knallbunte Pappschilder mit dem Tagesangebot der letzten Wochen an der Wand. Rechts wird ausschließlich Bier ausgeschenkt. Die Schlange an der linken Theke ist nicht länger als die an der rechten. Die Bahngleise reflektieren das Licht orangeroter Scheinwerfer. Sie erinnern an Lagerbeleuchtung. Der weiße Dampf, der den Waggons zischend entströmt, färbt sich rot, sobald er aus dem Schatten hervorquillt. Menschen überqueren in dichten Gruppen auf einer langen Holzbrücke die Gleisanlagen in Richtung der grellroten Lichter einer bizarren Fabrikanlage. Königgrätz ist eine Industriestadt, das Wirtschaftszentrum Ostböhmens.

Später, im Rathaus, löst meine Frage nach den wichtigsten statistischen Daten von Königgrätz die Einberufung einer Abteilungsleiterkonferenz am nächsten Morgen um acht Uhr aus, zu der ich willkommen geheißen werde. Allerdings, so teilt man mir ohne diplomatische Umschweife mit – man wird nichts wissen. „Sehen Sie“, sagt der Bürovorsteher, in dessen Amtsstube ich zufällig gelandet bin, „die alten Zahlen stimmen nicht mehr. Und neue haben wir noch nicht. Aber wenn Sie morgen kommen, werden Sie die Leiter aller Resorts vorfinden, die sich freuen werden, Ihre Fragen zu beantworten.“ Verwirrend.

Am nächsten Morgen um acht erwarten mich exakt dieselben Personen, die ich gestern kennengelernt habe – verstärkt durch

In den barocken Domherrenhäusern leben heute Nonnen, die den Haushalt des aus dem Exil zurückgekehrten Bischofs versorgen.

52.

einen behäbigen Herrn in blauer Strickjacke und Hausschuhen, der mir als Leiter der Deetatisierungsbehörde vorgestellt wird. Die Deetatisierungsbehörde existiert erst seit fünf Tagen und verfügt wahrscheinlich über keinerlei falsches Zahlenmaterial. Ich werde freundlich aufgefordert, alle Fragen, die ich im Hinblick auf die Reprivatisierung staatlicher Läden habe, nun an den Herrn in der Strickjacke zu richten.

Ich erkläre, daß mich persönlich Fragen der Reprivatisierung immer sehr beschäftigt haben und bitte, mir das Verfahren zu schildern. Von dem anschließenden Vortrag verstehe ich soviel, daß die zu entstaatlichenden Geschäfte vorübergehend in die Verwaltung der Entstaatlichungsbehörde übergehen, welche solange Versteigerungen organisiert, bis alle Unternehmen einen privaten Käufer gefunden haben.

„Und wenn Sie keine Käufer finden?" frage ich. „Ja sehen sie", ruft der Mann in der Strickjacke aus, „das ist doch der Wahnsinn! Wer weiß, auf wie vielen Läden ich am Ende sitzen bleibe!" Der Mann scheint kein Freund der Reprivatisierung zu sein.

Die dienstliche Atmosphäre unserer kleinen Konferenz weicht unter dem Einfluß reichlich genossenen schwarzen Kaffees einer vertraulichen Stimmung. Im allgemeinen Geplauder nutze ich die Gelegenheit, mich unauffällig bei der Dolmetscherin an meiner Seite nach den statistischen Daten von Königgrätz zu erkundigen. Sie erzählt, daß Königgrätz 100 000 Einwohner habe, zwei große Werke der Schwerindustrie, ein wegen seiner Ausdünstungen gefürchtetes Chemiewerk, daß Königgrätz seit 1864 Produktionsstätte der weltbekannten Petrof-Konzertflügel und seit 1842 die der weltberühmten Červeny-Blasinstrumente sei und daß es eine Zeit gegeben habe, nämlich zu ihrer Jugend, in der der Lokalpatriotismus der Königgrätzer sehr viel größer gewesen sei als heute – wofür das beste Zeugnis die russische Holzkirche im Stadtpark ablege, 1933 von einem Königgrätzer Seifenfabrikanten in der Ukraine erworben und hier zur Bereicherung des Stadtbilds wieder aufgebaut.

Nach einer guten Stunde fragt mich der Bürovorsteher, ob alle meine Fragen nun beantwortet seien. „Voll und ganz", kann ich ihm antworten.

Groß war der Lokalpatriotismus der Königgrätzer. Ein Seifenfabrikant erwarb 1933 in der Ukraine eine russische Holzkirche, die er zur Bereicherung des Stadtbildes in Königgrätz aufbauen ließ.

Pardubice: Dem Süden am nächsten

Kurz vor dem 50. Breitengrad, auf der Höhe von Wiesbaden etwa, dreht die Elbe nach Westen ab. Dort, wo der Fluß seinen äußersten Süden erreicht, liegt die Stadt Pardubice. Die Landstraße von Königgrätz führt zunächst durch ein Neubauareal, dem offenbar die ästhetische Idee eines aus allen Fugen geratenen Kreuzworträtsels zugrunde liegt – die bisher heftigste Attacke auf den menschlichen Schönheitssinn. Aber kaum habe ich die Innenstadt erreicht, finde ich Pardubice schon sympathisch. Pulsierendes Leben auf den Straßen, Menschenschlangen vor den Ständen der Eisverkäufer. Noch nie habe ich so viele Menschen an so vielen Eishörnchen lecken sehen – als wäre durch einen Planungsfehler die gesamte Eisproduktion der Tschechoslowakei nach Pardubice gelenkt worden.

Das „Grand Hotel", in dem ich absteigen möchte, wirkt schon von außen düster und leblos. Der Zustand der Hotelhalle ließe sich allenfalls mit der Vollstreckung eines Räumungsbefehls erklären. Die Rezeption besteht aus nichts anderem als einer nackten Theke. Zu meiner Verblüffung werde ich von einem Bediensteten in Hoteluniform erwartet. Ich frage auf Englisch nach einem Zimmer und erhalte auf Englisch eine Antwort, daß es zur Zeit, wegen der Renovierung, keine Zimmer gebe. Es gibt nicht einmal Zimmerschlüssel. In meinem Ausweichquartier erfahre ich später, daß das Grand Hotel bereits vor fünf Jahren geschlossen worden ist.

Seite 46/47: Unvergleichlich schön ist der Pernstein-Platz in Pardubice mit seiner Gottesmutter und den Renaissancefassaden.

Die Pardubicer seien geschichtsverbundene Leute, hat es in Königgrätz geheißen. Sie haben allen Grund dazu. Ich betrete die Altstadt durch das Stadttor im „Grünen Turm", durchquere eine kurze Gasse, mache noch einige Schritte aus dem Schatten hinaus ins Sonnenlicht und verharre – geblendet. Habe ich jemals, in Italien vielleicht oder in Spanien, einen schöneren Platz gesehen? Ich gehe weiter auf die Mitte des Platzes zu und schaue mich wieder um: ein Platz aus einem Guß, von äußerster Eleganz. Kein Platz für einen Pferde- oder Fischmarkt. Eine höfische Kulisse für ein Bankett im Freien. Die leuchtenden Farben der Renaissancefassaden, Beige- und Grau- und Gelbtöne, verschwimmen im Sonnenlicht. Das Blau des Mittagshimmels über dem Platz verläuft im Rhythmus der geschwungenen Giebel. Hier haben keine prunkverliebten Jesuiten gebaut, keine neureichen Kaufleute. Alles ist vornehme Zurückhaltung, vollkommene Harmonie. Alles, bis auf das zu bunt und zu wuchtig geratene Rathaus. Die Terrassen der Eiscafés auf dem Platz sind mit leckenden und schleckenden Pardubicern besetzt, und in der Mitte balanciert eine vergoldete Gottesmutter hoch oben auf ihrer Säule auf einer messerscharfen Mondsichel – als Patronin aller Softeisverehrer der Stadt. Vielleicht gibt es Plätze, die mir noch mehr zusagen. Aber unvergleichlich schön ist er, der Pernstein-Platz in Pardubice.

Und die Schönheit von Pardubice beschränkt sich nicht auf den Pernstein-Platz. In den Gassen der Altstadt kann der Blick frei wandern, ohne durch Spuren des Zerfalls oder alte Architektur überschattende Neubauten seine Unbefangenheit einzubüßen. Nach ei-

In der Altstadt häufen sich Spuren liebevoll gepflegter Vergangenheit. Häuser, die mit ihren Pastellfarben an südliche Länder erinnern.

nigen Stunden in Pardubice glaubt man sich nicht mehr auf der Höhe von Wiesbaden – eher auf dem Breitengrad von Florenz.

Rätselhafte Reliefbilder finden sich an den Häuserwänden, wie von einer Sphinx über die ganze Altstadt verstreut. Das häufigste ist ein halbiertes Roß, das als Standarte sogar über dem Rathaus weht. Nicht viel seltener begegnet man der Darstellung eines Mannes, der mit seiner Axt einen Ochsen bedroht. Nachdem ich sogar an der Kirche statt des Erlösers das halbe Roß und den bedrohten Ochsens entdeckt habe, läute ich am Pfarrhaus gegenüber, in der Hoffnung, daß der Pfarrer Deutsch spricht. Er spricht Deutsch und hat auch Zeit für eine unvorhergesehene Unterhaltung.

Wichtiger als meine Reliefstudien ist ihm aber zunächst ein anderes Thema. „Wissen Sie, hier in Pardubice hat sich im Krieg der illegale Widerstand getroffen. Hier wurde 1942 das Attentat auf Heydrich vorbereitet. Nach der Ermordung des Reichsprotektors richtete die Gestapo am Stadtrand eine Hinrichtungsstätte ein. Da sind viele Menschen erschossen worden, Männer und Frauen, als Geiseln oder als Partisanen."

„Das halbe Roß", fährt er mit mildem Priesterlächeln fort, „ist das Pferd des Ritters Jeschek aus Pardubice. Eine Legende natürlich.

Rätselhafte Reliefbilder finden sich an den Häuserwänden. Das häufigste ist das halbierte Roß des Ritters Jeschek.

1158 beteiligt sich der Jeschek an der Schlacht um Mailand. Und als er gerade die Stadt stürmen will, da fällt das Stadttor auf ihn herab und spaltet ihm das Roß. Er wird auf dem Beweisstück nicht mehr nach Pardubice zurückgeritten sein. Aber wie Sie sehen – man hat ihm seine Geschichte hier auch so geglaubt.

Der andere ist der Urvater der Pernsteins, ein armer Köhler. Er hat nichts zu essen und kann seine Familie nicht ernähren. Aber er ist sehr stark. Er überwältigt einen wilden Auerochsen im Wald, zieht ihm einen Ring durch die Nase und schafft ihn nach Brünn bis vor den Thron des Königs. Und unter den Augen des Königs erschlägt er das Tier mit der Axt. Der König ist beeindruckt. Er schenkt dem armen Köhler Land und einen Adelstitel. Wissen Sie, was aus den Pernsteins später geworden ist? Nein? Dann kommen Sie mit."

Er führt mich hinüber zur Kirche. Auf dem Weg durch die Sakristei in den Chor muß er uralte Schlösser mit knarrenden Federmechanismen entriegeln. Am Altar wandert der Blick hinauf zum zentralen Blickfang, einem Gemälde von barocker Wucht, das den heiligen Bartholomäus im Augenblick seiner Häutung zeigt. Und vor dem Altar liegt, auf dem Marmordeckel seines Sarkophags, der versammelten Gemeinde stets vor Augen, in voller Rüstung und mit kunstvoll gelocktem Bart, der berühmteste aller Pernsteins: Vojtech, Oberlandmarschall und Oberhofmeister des böhmischen Königs, einer der reichsten Männer seiner Zeit – nicht nur Böhmens, sondern Europas –, Herr über 30 Ländereien, in denen Fischzucht, Bergwerke und Bierbrauereien betrieben werden, Erfinder der geregelten schriftlichen Verwaltung und Vater des Jan von Pernstein, welcher 1538 den Pernstein-Platz erbauen läßt, so daß es fortan im Lande heißt: Es glänzt wie Pardubice.

Die Pernsteins haben, wie Ritter Jeschek vor ihnen, einen Hang zum Süden. Bei den Handwerkern und Künstlern, die den Pernstein-Platz gestalten, verlassen sie sich am liebsten auf Italiener. In Liebesdingen dagegen fühlen sie sich nach Spanien hingezogen: Die Tochter des Jan von Pernstein ver-

Hoch oben über dem Pernstein-Platz wacht die Muttergottes über das nächtliche Pardubice.

mählt sich mit einem Fernando de Aragon y Guerra, Duque de Villahermosa; sein Sohn ehelicht eine Doña Maria Manrique de Lara. Und sollte es noch eines Beweises für die mediterranen Vorlieben der Pardubicer bedürfen: Ihre erste Städtepartnerschaft gehen sie 1965 mit dem italienischen Ort Rosignano Marittimo ein.

Was aus den Pernsteins geworden ist? Der Pernstein-Platz – und andere Bauprojekte – ruinieren die Familie. 1560 müssen sie Pardubice an die böhmische Krone verkaufen. Und 1631 schließlich brechen sie, wie es heißt, unter einem Schuldenberg zusammen.

Ermutigt durch meine Königgrätzer Erfahrungen statte ich vor meiner Abreise dem Rathaus noch einen Besuch ab. Das herrliche lebenspralle Pardubice hat nämlich ein großes Problem: Es stinkt. An manchen Tagen stinkt es so sehr, daß man aufhören möchte zu atmen. Immer dann, wenn der Nordwestwind den Pesthauch des gewaltigen Chemiekombinats herüberweht. „Vorerst“, sagt man mir auf dem Rathaus bei einer Tasse Kaffee, nachdem eine kleine Kommission zusammengetreten ist, „können wir nichts dagegen tun. Das Werk muß modernisiert werden, aber wir haben kein Geld. Wenn Pardubice einen Hafen hätte, dann ginge es der Wirtschaft hier besser. Aber der Hafen, das ist Vision. Die Luft ist schlecht, gewiß. Aber sie müßten erst einmal sehen, was unsere Chemie in die Elbe gießt. Die Luftverunreinigung kostet sie zwei Millionen Kronen Strafe im Jahr. Aber für ihre Wasserverschmutzung müssen sie jährlich 64 Millionen Kronen Buße zahlen.“

Ecce Mors: Von Kolín nach Mělnik

Die Schiffahrt beginnt erst etliche Kilometer unterhalb von Pardubice, bei einem Kraftwerk, das die Elbe versperrt. Und sie beginnt nicht zaghaft mit kleinen Kähnen, sondern gleich mit jenen großen Schubeinheiten, mit denen die Tschechoslowakei fast ihren gesamten Transport auf dem Wasserweg abwickelt.

In den lichten Uferwäldern rechts der Elbe, auf halbem Weg von Pardubice nach Kolín, liegt das ehemalige Hofgestüt Kladrub inmitten weißgestrichener Koppelzäune. Von der Allee aus sieht man Pferdeherden auf dem weiten Sandplatz galoppieren zwischen den Stallungen und den Wirtschaftsgebäuden in Theresien-Gelb. Vor 400 Jahren ist Kladrub auf kaiserliches Geheiß gegründet worden, zu dem einzigen Zweck, Kutschpferde für den Bedarf des Hofes zu züchten.

Auf dem Hochufer an einer langgezogenen Flußbiegung liegt Kolín. Hier pendelt sich die Elbe erstmals auf den Nordwestkurs ein, den sie dann bis zur Mündung beibehalten wird. Kolín ist eine Industriestadt mit Hafen und weit davon entfernt, einen verlockenden Anblick zu bieten. Aber in Kolín gibt es einen jüdischen Friedhof, was allgemein bekannt ist, und eine 350 Jahre alte Synagoge – von der kein Reiseführer spricht.

An beide ist nicht leicht heranzukommen. Zwar kann ich die Unterstützung eines Archäologen aus dem Stadtmuseum gewinnen. Aber der Archäologe untersteht rechtlich der Kreisverwaltung – und der Schlüssel für Friedhof und Synagoge ist ein städtischer Schlüssel. Das führt auf dem Rathaus zu Diskussionen, geht aber schließlich ohne Einberufung von Kommissionen ab.

Vom Marktplatz gelangt man nach wenigen Schritten in die ehemalige Judenstadt. Der Archäologe verweist auf ein kleines Haus mit hebräischer Inschrift, das jüdische Rathaus. Gegenüber steht eine Schule neueren Datums. Auf der Rückseite der Schule tritt man hinaus auf einen schmalen, düsteren Hof und steht vor der schmucklosen blaßgelben Giebelwand der Synagoge. Der Archäologe öffnet mit dem städtischen Schlüssel eine grobgezimmerte Holztür – und wir stehen im Vorraum, dem Lagerhaus einer Baufirma. Die ganze Synagoge ist ein Lagerhaus. Aus glaslosen Fenstern hoch oben fällt Licht in dünnen Streifen in den dämmrigen, leeren Versammlungsraum. Ein Stahlrohrgerüst stützt Wände und Decke. Der Thoraschrein ist mit Lappen und alten Tüchern verhängt. Farbige Blattornamente an den Seitenpfeilern sind der einzige sichtbare Hinweis darauf, daß dies nicht immer ein Lagerschuppen gewesen ist. Sondern für viele Jahrhunderte der Versammlungsort der zweitgrößten Gemeinde böhmischer Juden. Nur in der Prager Josefstadt haben mehr Juden gelebt als hier. Der Archäologe weiß nicht, wie viele es in Kolín gewesen sind. Er weiß nur, daß es heute noch vier Familien sein sollen. Und daß die Synagoge zum Konzertsaal umgebaut werden soll, sobald die Stadt Geld hat.

Seite 52/53: In den lichten Uferwäldern zwischen Pardubice und Kolín liegt das Gestüt Kladrub. Wirtschaftsgebäude und Stallungen strahlen in Theresien-Gelb.

Vor 400 Jahren wurde Kladrub zu dem einzigen Zweck gegründet, Kutschpferde für den Kaiser zu züchten.

Nach einem kurzen Fußweg stehen wir vor dem Gittertor des jüdischen Friedhofs. Es ist ein Tor in eine versunkene Welt. Der älteste Grabstein soll die Jahreszahl 1492 tragen. Die anderen, Hunderte in schwankenden Reihen auf hügeligem Gelände, scheinen kaum jünger zu sein. Manche Grabplatte, die noch nicht von der wuchernden Efeudecke erfaßt wurde, ist von oben bis unten mit hebräischen Schriftzeichen bedeckt. Was ließe sich jetzt alles in Erfahrung bringen, wenn man Hebräisch könnte! Bezalel zum Beispiel soll hier liegen, der Sohn des Prager Rabbis Löw, gestorben 1599.

Vielleicht ist dieser Friedhof die einzige erhaltene Chronik der Juden von Kolín. Sicher ist, daß sie nie mehr fortgesetzt werden wird. Von den mehr als 100 000 tschechischen Juden sind 25 000 vor dem Krieg rechtzeitig ausgewandert. Den Rest haben Deutsche umgebracht.

Der Archäologe schließt das Tor hinter uns zu, wir kehren in die Wirklichkeit zurück. Und der Schlüssel geht wieder in die Obhut der Stadtverwaltung über.

Wenn man in Richtung Mělnik der schmalen, dem Forstverkehr vorbehaltenen Uferstraße folgt, bewegt man sich oft auf einem Damm zwischen dem Fluß und seinen abgetrennten Mäandern. Die Regulierungsarbeiten der letzten 120 Jahre haben die Elbe auf böhmischem Boden um mehr als 50 Kilometer verkürzt. Die toten Arme sind das Revier der Fischreiher, die erst im letzten Augenblick mit müdem Flügelschlag in die Abenddämmerung davonfliegen. Die Mauern eines halbverfallenen Klosters tauchen am anderen Ufer auf, diesseits verrosten die Reste einer zusammengesunkenen Eisenbrücke. Ein Schiff kommt um die Biegung des Flusses, gleitet fast geräuschlos vorbei und verschwindet im Wald hinter der nächsten Kurve. Kaum noch erkennbar zeichnet sich die asketische, kerzengerade Silhouette eines Hus-Standbildes gegen den Himmel ab.

Die Tschechoslowakei ist an Hus-Denkmälern reich. Allein an den Ufern der Elbe habe ich mehr davon gesehen, als Luther-Standbilder in ganz Deutschland. Denn der Magister und Volksprediger Jan Hus war nicht nur religiöser Reformer, sondern auch tschechischer Nationalist. Er predigte auf Tschechisch und wandte sich öffentlich gegen den Vorrang der deutschen Sprache im Kulturleben Böhmens. 1415 bestellte ihn der deutsche Kaiser Sigismund nach Konstanz aufs Konzil. Hus ging hin und wurde als Ketzer verbrannt.

Es kam zum Aufstand. Die Anhänger von Hus bildeten ein mit Morgensternen, Sensen und Dreschflegeln bewaffnetes Volksheer. Alle Versuche, sie zu unterwerfen, scheiterten kläglich. Die Hussiten eroberten deutsche Städte in Böhmen, verbrannten Frauen und Kinder, zogen weiter, fast bis zur Ostsee. Innere Zwietracht erst schwächte sie so, daß sie besiegbar wurden.

Hus aber ist bis heute eine Symbolfigur des nationalen Selbstbehauptungswillens geblieben. So wundert es nicht, am Sockel des Denkmals eine zweite kleinere Inschrift zu finden. Sie lautet in der Übersetzung: „Kulovaný Antonín 3. 7. 1920 – 6. 3. 1943. Getötet von deutschen Peinigern. Ehre seinem Gedenken."

Die Kirche von Mělnik steht auf dem ersten Weinberg an der Elbe. Oben am Geländer der Aussichtsplattform vor der Kirche drängen

Der jüdische Friedhof ist die einzige erhaltene Chronik der Juden von Kolín.

sich die Touristen. Der Wein ist ihnen im Augenblick gleichgültig. Ihre Aufmerksamkeit gilt einem Schiff, das eben die Schleuse hinten im Moldau-Seitenkanal verlassen hat und über das letzte kurze Kanalstück in die Elbe einfährt. Gegen den verbreiteten Irrtum, der Kanal sei die Moldau selbst, hat man unten im Weinberg ein Schild aufgestellt. Dem Schild zufolge mündet die Moldau weiter links in die Elbe, was ich, nach einem Blick vom Kirchberg aus, bestätigt finde.

Auf demselben Berg steht die Steinfigur eines Königs, der sich auf einen Weinstock stützt. Der König ist der deutsche Kaiser Karl IV. (1316–1378). Karl brachte nicht nur burgundische Weinreben aus Frankreich, wo er erzogen worden war, an die Elbe. Er verlegte auch die Hauptstadt des Heiligen Römischen Reichs nach Prag, gründete dort die Universität, ließ die Moldau schiffbar machen und bescherte Böhmen durch eine kluge Wirtschaftspolitik den schönsten Aufschwung im ganzen Deutschen Reich. Seine wirtschaftspolitischen Pläne gipfelten in der Absicht, die Elbe zum Hauptverkehrsweg seines Reichs zu machen. Die Warenströme aus den reichen norddeutschen Hansestädten sollten elbaufwärts nach Prag gelenkt werden. Die Güter aus Italien und dem Orient sollten elbabwärts der Hanse zugeleitet werden. Der Kaiser starb, bevor er diese Pläne verwirklichen konnte. Aber Prag verdankt ihm die Verbindung zu den Weltmeeren, und Mělnik verdankt ihm den Wein.

Ich vermute, daß Karl dann doch bei dem echten Burgunder geblieben ist. Denn der Mělniker Wein ist höchstens etwas für einen bunten Abend in Mělnik. Den immerhin kann man leicht haben. Seit dem Zusammenbruch des staatlichen Verköstigungsmonopols ist zwischen Kirche, Schloß und Marktplatz eine regelrechte Kneipenszene entstanden – angefangen mit einer Wirtschaft, in der die Einheimischen lautstark und ungezwungen unter sich sind, bis hin zum Weinlokal, wo der Fremde sich bei einem Glas entspannt zurücklehnen kann, um sich von seinen Erlebnissen im Großen Beinhaus zu erholen.

„Velka Kosnice" steht auf dem Schild vor der Kirche, an dem ich schon mehrmals achtlos vorbeigelaufen bin. Bis ich die kleine Unterzeile „Großes Beinhaus" entdecke. Jetzt fällt die niedrige Seitentür zur Krypta auf und der

Das Beinhaus in Mělnik. Mauern aus Knochen, säuberlich gestapelt bis in Übermannshöhe und abgedeckt mit Totenschädeln.

alte Mann, der reglos auf einem Bänkchen daneben sitzt. Gegen ein kleines Eintrittsgeld öffnet er mir die knarrende Tür. Es geht steil hinunter, auf einen roten, theatralisch beleuchteten Vorhang zu, der wie Brokat schimmert. Der Vorhang gibt den Blick frei auf etwas, das aussieht wie eine Wand von Knoblauchzöpfen. Knoblauchzöpfe, zwischen denen Totenköpfe hervorschauen. Totenköpfe, die nicht in Knoblauch gebettet sind, sondern in Oberschenkelknochen. Was wie Knoblauch aussieht, sind die Kniegelenke. Nach wenigen Schritten durch einen Gang aus Kniegelenken stehe ich in einem Szenarium, das von dem fahlen Licht einer Deckenlaterne spärlich erhellt wird: Mauern aus Knochen auf allen Seiten, säuberlich gestapelt bis in Übermannshöhe, abgedeckt mit Totenschädeln, die wie Zuschauer aus ihrem Logenplatz auf mich herabstarren. Auch aus den Knochenwänden heraus werfen Schädel ihre Totenblicke. Sie sind so angeordnet, daß sie dekorative Muster bilden oder Worte: „Ecce mors" – so schaut er aus, der Tod! Ein makabrer Gestaltungswille hat an der Stirnseite der Krypta aus Armknochen ein Kreuz

Begreift man hier, was der Tod ist? An diesem Ort liegen die Gebeine von etwa 12 000 Opfern der Pest.

geformt, welches in einer kleinen Schädelgruppe gipfelt, dem höchsten Gremium dieser Totenstadt.
Und es ist die Einwohnerschaft einer ganzen Stadt, die hier gestapelt liegt; etwa 12 000 Tote – die Opfer der Pest, die 1512 nach Mělnik kam. Zunächst waren sie alle in Erde begraben worden. Als ihrer aber immer mehr wurden, fanden sie platzsparend zerlegt in der Krypta Einlaß.
Der Wächter hat sein Bänkchen verlassen und kommt zu mir herunter. Er ergreift einen Schädel und reicht ihn mir. Es ist ein Stück aus der Abteilung „Anatomische Anomalien". Ich weiß nicht, ob er mir etwas zeigen will. Oder ob es als Abschiedsgeschenk gemeint ist. Ich bin der einzige Besucher, vielleicht hat ihn mein Trinkgeld gerührt. Ich nehme den Schädel entgegen – ein Wort des Dankes kann in meiner Lage nicht schaden – und als er gegangen ist, lege ich den Schädel mit dem unguten Gefühl, ein Geschenk abzulehnen, an seinen alten Platz zurück.
Als ich ans schwindende Tageslicht zurückkehre, höre ich Chorgesang aus der Kirche dringen. Es ist die erste belebte Kirche dieser Reise. Ich warte ab, und kurze Zeit später stürmt ein junger Priester in hautenger Soutane mit einer Gruppe Jugendlicher an mir vorbei aufs Pfarrhaus zu. Ich hole den Priester ein und bitte ihn um ein Gespräch. Ein Gespräch über den Atheismus, und was in Mělnik dagegen unternommen wird. Er ist sofort bereit und lädt mich zum Abendessen ins Pfarrhaus ein.
Im Pfarrhaus geht es rund. Das Geräusch eines Tischtennisspiels ist zu hören, laute Stimmen, Musik. In einem großen Raum mit langem Tisch sind Jugendliche dabei, das Abendessen anzurichten. Gleich drei junge Männer stellen sich als Pfarrer vor. Einer von ihnen kann Deutsch und übersetzt.
„Nach 45 Jahren Atheismus", sage ich, „muß man da nicht zu den Leuten reden wie zu den Heiden?"
„Die Alten erinnern sich noch", ist die Antwort. „Und auch die Jungen haben wenigstens ein Gottesbild, auch wenn es das Gottesbild des atheistischen Staates ist. Sie haben nie etwas anderes gehört, als daß Gott ein Tyrann, ein Diktator, sei.
Als wir vor einem halben Jahr nach Mělnik kamen, haben wir alle Schulen besucht. Wir haben Musik gemacht auf der Gitarre und gesungen. Viele glauben, daß Kirche etwas Trauriges ist. Aber wir sind lustig. Und dann erzählen wir von unserem Weltbild. Wenn wir zum Beispiel sagen, daß Liebe zwischen den Menschen herrschen soll, dann ist das für diese Schüler etwas Neues. Wenn wir sagen, daß Gott nicht Tyrann, sondern lieber Vater ist, dann ist auch das etwas Neues. Und sie kommen aus Neugier zu uns ins Pfarrhaus und stellen fest, hier ist etwas los. Hier ist niemand traurig. Manche Gruppe hat schon mehr als 40 Teilnehmer."
Die drei jungen Priester von Mělnik gehören dem Salesianerorden an, der sich in erster Linie der Jugendarbeit widmet. Als Václav, der Übersetzer, dem Orden Anfang der achtziger Jahre beitrat, war Religion in der Tschechoslowakei keine ungefährliche Sache. Seine Aufnahme in den Orden geschah dann auch heimlich, in einer nächtlichen Zeremonie auf dem Isergebirge.
Die drei strahlen die Begeisterung von Menschen aus, deren Stunde endlich gekommen ist. Sie werden von ihrer Begeisterung noch

Aufgebockt liegt der Rumpf eines Seitenradschleppdampfers am Elbufer bei Mělnik. Und niemand in Mělnik scheint zu wissen, wie er dort hingekommen ist.

eine Weile zehren müssen. Der Erzbischof hat zu einem Jahrzehnt geistiger Erneuerung aufgerufen. Jedes dieser zehn Jahre ist einem bestimmten Heiligen gewidmet. Und irgendwann wird die heilige Ludmilla aus Mělnik an der Reihe sein. Noch aber ist die Ludmillakirche unten an der Hauptstraße bloß eine einsturzbedrohte Kapelle. Ich bin jedoch überzeugt, daß Chorgesang aus der Ludmillakirche die Mělnikpilger im Ludmillajahr empfangen wird.

Bei einem letzten Spaziergang am Mělniker Elbufer taucht im Dunst des frühen Morgens der Umriß eines „schwebenden" Schiffs vor mir auf. Der Umriß verdichtet sich im Näherkommen zum Schiffskörper eines großen, aufgebockten Seitenraddampfers. Das ganze Schiff ist mit grauer Schutzfarbe überzogen. Es sieht aus wie ein fliegendes U-Boot aus einem Jules-Verne-Roman. Schaufelräder, Radkästen und andere Teile liegen abmontiert und sorgfältig geordnet um das Schiff herum verteilt.

In Mělnik selbst scheint keiner dieses Schiff zu kennen. Diejenigen, die sich überhaupt an einen Raddampfer auf dem Elbufer erinnern, können sich nicht erklären, was er da zu suchen hat. Viel später erst, weitere 100 Kilometer stromabwärts, gelingt es mir, jemanden zu finden, der eine Erklärung dafür hat.

Vom Berg Řip in die Böhmische Schweiz: Das gelobte Land

Die Festung Theresienstadt war ein Ausrottungslager für Zehntausende von Juden.

In der Nähe von Roudnice an der Elbe ragt ein einsamer Berg aus der Ebene wie ein plattgedrückter Fujiyama. Es ist der Berg Řip – der auch fast so legendenumwoben ist wie der Fujiyama. Oder der Berg Sinai. Denn dem tschechischen Ursprungsmythos nach ist dies der Ort der ersten Landnahme durch den Stamm der Tschechen.

Daß der Berg Řip weder steil noch besonders hoch ist, erleichtert mir den Entschluß, ihn zu besteigen. Auf dem Parkplatz am Fuß des Berges kampiert eine tschechische Pfadfindergruppe. Sonst ist niemand zu sehen. Nach einer halben Stunde stehe ich auf dem Gipfel neben einer kleinen romanischen Rundkirche, deren gelbe Sandsteinmauern das Licht der Morgensonne reflektieren. Es ist schön hier oben, schön und still. Den Ausblick, um dessentwillen ich heraufgestiegen bin, vereiteln die Bäume.

Seite 62/63: Weit geht der Blick übers Land zum Berg Řip, der der Ort der ersten Landnahme durch den Stamm der Tschechen gewesen sein soll.

Und es ist doch der Ausblick gewesen, der den Fürsten Čech bewogen haben soll, zu bleiben. Der Urvater aller Tschechen war mit seinem Volk aus Osten gekommen. Die ersten Tschechen werden als Leute beschrie-

ben, die keinerlei berauschendes Getränk kennen, lediglich Eicheln und Waldobst und manchmal Fleisch oder Fisch genießen, die nach tierischer Gewohnheit in geschlechtlicher Promiskuität leben und sich bloß in Felle kleiden. Sie leben nach den mönchischen Grundsätzen gemeinsamen Eigentums, ohne irgendwelche Diebereien und folglich auch ohne Gerichte. Bis zum Berg Řip ist Čech mit seinen Leuten nach Westen vorgestoßen. Jetzt besteigt Čech persönlich den Berg und hält Ausschau. Und siehe, das Land ist reich an Milch und Honig und Fischen aus der Elbe. Da gründet er unterhalb des Bergs das erste Dorf und nennt es Klenec nach seinem Sohn Klen. Es ist das Jahr 644 n. Chr.
Seither ist der Berg Řip, wenn schon kein heiliger, so doch ein außergewöhnlicher und verehrungswürdiger Berg. Man muß ihn nicht unbedingt besteigen. Aber wenn man zwischen Mělnik und Roudnice unterwegs ist, dann sollte man ihn eines langen Blickes würdigen.
Dieses Land an der Elbe scheint wirklich so fruchtbar zu sein wie in der Vision des Fürsten Čech. Man fährt durch endlose Hopfenfelder und Dörfer, wo Blumen und Kräuter in Vorgärten und zu Füßen der Heiligensäulen subtropisch wuchern. Die Kornfelder reichen fast bis ins Wasser der Elbe, so daß man sich nicht zu wundern braucht, warum diese Gegend früher als Böhmisches Paradies bezeichnet wurde.
Kurz vor der Mündung der Eger in die Elbe liegt Terezín. Terezín heißt Theresienstadt. Sie ist zur selben Zeit und aus demselben Grund erbaut worden wie Josefov – als Bollwerk gegen die Preußen. Der eigentlichen Garnisonsstadt ist eine kleine Festung vorgelagert. Nach dem Verlust ihrer militärischen Bedeutung diente sie nur noch als Kerker. Der prominenteste Gefangene ist, bis zum Auftritt der Nazis, der Attentäter von Sarajewo, der Mörder des österreichischen Thronfolgers Franz Ferdinand, Gavrilo Princip gewesen. In Anbetracht seiner Jugend konnte er nicht zum Tode verurteilt werden. Fünf Jahre hat er ausgehalten in einer grauenhaft engen Festungszelle, dann war er tot.
Im März 1939 besetzen die Nazis Böhmen. Die Gefängnisse füllen sich mit tschechischen Prominenten, Oppositionellen und Widerstandskämpfern. Im Juni 1940 übernimmt die Prager Gestapo die kleine Festung von Theresienstadt als Internierungslager. Sie hat den Vorteil hoher Mauern, die jede Flucht verhindern. Außerdem können Gefangene von hier aus rasch zum Verhör nach Prag gebracht werden.
Die Festung bleibt bis zum Schluß ein Durchgangslager für Häftlinge, die in KZs eingeliefert oder vor Nazi-Gerichte gestellt werden sollen. Insgesamt 32 000 Menschen leben hier bis zum Kriegsende in Verhältnissen, die sich denen eines Konzentrationslagers immer mehr angleichen. 90 Prozent der Häftlinge sind Tschechen. Der Rest sind Juden aus dem Ghetto Theresienstadt, die irgendeine der dort herrschenden absurden Vorschriften übertreten haben. Für diese Juden ist die kleine Festung ein Ausrottungslager. Die meisten werden von den Aufsehern früher oder später totgeschlagen.
Unter den Gefangenen sind etliche Künstler, die die Qualen der Inhaftierten auf Zeichnungen festhalten. Einige dieser Zeichnungen bleiben erhalten und sind heute im Museum der Festung zu sehen.

In Theresienstadt, dem ehemaligen Ghetto, sind die Spuren der Verbrechen für den, der durch die Stadt geht, nicht mehr sichtbar.

In dem eigentlichen Städtchen Theresienstadt richten die Nazis 1941 das jüdische Ghetto ein. Die eingesessenen Bewohner müssen die Stadt räumen. Wo früher rund 10 000 Menschen wohnten, werden jetzt bis zu 60 000 zusammengepfercht. Sie leben auf Dachböden, Kellern und auf Höfen. In vier Jahren durchlaufen 140 000 Juden das Ghetto – Böhmen, Deutsche, Österreicher und Niederländer. Männer und Frauen werden getrennt. Es herrscht Wassermangel, die Hygiene ist miserabel, die Lebensmittel knapp, und Krankheiten breiten sich aus. Im Herbst 1942 sterben täglich 100 Menschen. Am Ende des Kriegs beläuft sich die Zahl der Toten auf 33 430. Im Verlauf von drei Jahren gehen 63 Transporte aus Theresienstadt in den Osten. Von den 87 000 Deportierten kommen 3000 zurück.

In Theresienstadt selbst, dem einstigen Ghetto, sind die Spuren der Verbrechen für den, der durch die Stadt fährt, nicht mehr sichtbar. Aber die Festung ist noch immer ein Ort, an dem die Ahnung des Grauens wachgeblieben ist. Ein Ort, an dem man, vor allem als Deutscher, ohne fassen zu können, mühsam um Fassung ringt. Und auch ein Ort, wo das, was man über diese Zeit weiß, in den Massenunterkünften, den Einzelzellen, vor der Erschießungswand und unter dem Galgen in

Der Blick von Dubice aus ist überwältigend. Aus großer Höhe blickt man auf eine langgezogene Elbschleife hinab – fast wie im Flug.

Bildern Gestalt annimmt, die man nicht mehr vergißt.
Ich verlasse Theresienstadt noch vor dem Abend – um so lieber, als sich am nordwestlichen Horizont schon die ersten Berge der Böhmischen Schweiz abzeichnen. Ich nehme die Straße rechts der Elbe, um bei Ústi den Fluß zu überqueren und hinaufzufahren ins Gebirge, nach Dubice, dessen „Kirchl" mir die drei Mělniker Pfarrer unisono ans Herz gelegt haben – der Aussicht wegen.
Kurz hinter Litoměřice verengt sich das Elbtal, und bald taucht hinter jeder Flußschleife ein neuer Bergkegel auf, der sich im Elbwasser spiegelt. Die kraftvolle Schönheit dieses Tals läßt sich ganz ungestört genießen – noch hat der Umbau der Landschaft nach dem Geschmack von Touristen nicht begonnen. Daß der romantische Maler Ludwig Richter in dieser Gegend von seiner Italiensehnsucht geheilt wurde, erscheint auch heute noch nicht unbegreiflich. Als handfester Beweis seiner Bekehrung gilt „Die Überfahrt am Schrekkenstein", ein Bild, auf dem der Burgfelsen des Schreckensteins nackt und steil wie die Loreley aus den güldenen Fluten der Elbe aufragt. Wer sich heute dem Schreckenstein nähert, muß bereit sein, Abstriche von diesem Bild zu machen: Ein monumentales Sperrwerk in der Elbe verriegelt das Tal ge-

nau unterhalb des Schreckensteins, und das Wasser, das sich aus dem Überlauf ergießt, ist schwarz und wirft gelbliche Blasen.
Jenseits von Ústi geht es hinauf ins Gebirge, über enge Straßen durch kleine, gottverlassene Dörfer. Die Hauptstraße von Dubice läuft geradewegs auf das berühmte Kirchl zu – ich steige aus, gehe an der Kirche vorbei, gelange auf die Terrasse eines geschlossenen Cafés und trete an die Brüstung. Der Ausblick ist überwältigend. Wie auf dem Pernstein-Platz in Pardubice hat man das Gefühl, etwas Einmaliges zu erleben: Aus großer Höhe blickt man auf eine langgezogene Elbschleife hinab und tief in die jenseitige Berglandschaft hinein – fast wie im Flug.
Am Abend durchquere ich Děčín, die letzte Stadt auf böhmischem Boden. Am Hafen, neben Kranarmen, die in der Dämmerung kreisen, entdecke ich einen Vergnügungspalast aus der Zeit der Jahrhundertwende. Mit der wortlosen Entschlossenheit von Menschen, die einem Kulturgenuß entgegensehen, bewegen sich Děčíner Bürger auf den hellerleuchteten Eingang zu. Ich erkenne die Gelegenheit, meinen Abschied von Böhmen um eine Stunde oder zwei hinauszuzögern und ergreife sie. Nachdem ich das Jackett gewechselt habe, mache ich mich auf den Weg zu einem ungewissen Kulturgenuß.
„Ist Ihnen Tisch 24 recht?“ fragt die Dame an der Kasse. Tisch 24 ist mir recht. An der Garderobe, im Foyer und auf der Treppe, überall Bürger, die ihre Söhne und Töchter zu Hause gelassen haben – das Ereignis scheint nicht nach dem Geschmack von Menschen unter fünfzig zu sein. Ich betrete den Saal. Er ist gelb vom Boden bis zur Decke. Weiße Stuckgirlanden überziehen in eurhythmischen Schwüngen die Wände. Korinthische Säulen aus Gußeisen tragen die Galerie. Ein roter Theatervorhang ergießt sich über einen rosengeschmückten Bühnenvorsprung. Kleine weißgedeckte Tische bilden ein Würfelmuster auf dem Grund des Saales. Tisch Nr. 24 ist auf drei Seiten bereits vergeben, an zwei ältere Damen und einen älteren Herrn, in deren erwartungsvolles Schweigen ich nach einem kurzen tschechischen Grußwort einstimme. Ich schaue mich um: Für meine allererste Vermutung, es könne sich eventuell um einen Country & Western-Abend handeln, ergeben sich wenig Anhaltspunkte. Die Zuschauer gehören samt und sonders der besseren Děčíner Gesellschaft an, und zwar schon seit vielen Jahrzehnten – und sie machen mir den Eindruck, als wollten sie ihr auch nach diesem Abend noch angehören. Also keine Country & Western-Musik. Was dann?
Der rote Vorhang teilt sich und gibt den Blick frei auf einen schwarzen Vorhang mit dem Motto des Abends: „Setkani s operetou“. Operetou? Jetzt sehe ich auch den Konzertflügel mit der bewegungslosen Pianistin. Und nun tritt einer auf, der einen grauen Schnauzbart hat und wie ein tschechischer Volksschauspieler aussieht und eine Rede hält, aus der ich nur die Worte „k.u.k. Regimentskapelle“ und „Hans Moser“ verstehe, und die beim Publikum auf erwartungsvolles Schweigen trifft. Die Rede nimmt kein Ende. Schon befürchte ich, in ein Stück für einen Vortragenden und eine wartende Pianistin geraten zu sein, da zieht sich der Volksschauspieler mit einer Schlußpointe unter dem erwartungsvollen Schweigen des Publikums zurück, und die Pianistin beginnt, mit spitzen

Bei Herrenskretschen taucht der Name Labe zum letzten Mal auf. Von nun an wird die Labe Elbe heißen.

Fingern und gespitzten Lippen ihrem Instrument spitzbübische Melodien zu entlocken, zu denen schelmische Sänger und Sängerinnen auftreten und Operettenmelodien singen. Der Melodienreigen wird immer wieder durch Sketche unterbrochen, die den Volksschauspieler in, wenn ich das richtig verstehe, unterschiedlichen Rollen zeigen; aber egal, wie sich die Darbietenden mühen – das Publikum ist fest entschlossen, im Saal keine Operettenlaune zu dulden. Erst das Finale, ein klangflächendeckendes, erschütterndes Großereignis, in das sogar der Volksschauspieler mit näselnder Stimme einfällt, entlockt dem Děčiner Publikum einen trockenen Applaus – so daß ich glaube, das größte Vergnügen an diesem Abend wird schließlich doch der alte Tenor gehabt haben, der seiner jungen Duettpartnerin immer dann, wenn er nichts zu singen hatte, von hinten in die entblößte Schulter beißen durfte.

Draußen sind die Arme der Kräne erstarrt. In zehn Minuten bin ich an der Grenze. Ein müder tschechischer Grenzbeamter räumt das Markierungshütchen aus dem Weg, bevor er überhaupt in meinen Paß geschaut hat. Rehe springen durch den Lichtkegel meiner Scheinwerfer über die Straße. Ich bin in Sachsen, in Deutschland.

In der Sächsischen Schweiz: Schiffer und Steinbrecher

Schmilka heißt der erste Ort in Sachsen jenseits der tschechischen Grenze.

Am Grenzort Schmilka wechselt die Elbe mit der Nationalität auch den Namen. Auf einer Strecke von 372 Kilometern hat sie „Labe" geheißen, die nächsten 728 Kilometer wird sie „Elbe" heißen. Kommt „Elbe" nun von „Labe"? Oder „Labe" von „Elbe"? Oder beides vielleicht von „Albis", wie die Römer sie nannten? Und hat irgendeiner der drei Namen irgendeine Bedeutung?

Seite 70/71: Ein eindrucksvolles Bild im Morgennebel: der Blick auf die Basteibrücke.

Der Museumsdirektor von Jilemnice ist es gewesen, der mir das Geheimnis des Namens enthüllt hat: „Elbe" kommt von „alba", einem germanischen Wort, das soviel wie „sauber", „hell" oder „weiß" bedeutet. Die indogermanische Wurzel darin lautet „albh-", was ebenfalls „weiß" oder „hell" heißt. Dieselbe Wurzel findet sich in „albus", dem lateinischen Wort für „weiß", von dem der Flußname „Albis" abgeleitet ist. Und „Labe" ist die slawische Version des Wortes „alba". Die Elbe ist also der „Weiße Fluß" der Germanen. Es gab Zeiten, da wurde die Elbe tatsächlich weiß, im Winter nämlich bei Eisgang. „Es gab Winter", sagt der Fährmann von Postelwitz,

„da lag das Eis hier auf der Straße. Unterhalb von Bad Schandau gibt es eine Stelle, wo die Elbe wenig Strömung hat, da staute sich das Eis. Und von Ústi her drückte immer neues Eis nach und türmte sich hier auf, so daß es die Schollen bis vor die Haustür warf. Und 1963 noch sind wir zu Fuß über die Elbe spaziert. Da, wo ich sonst mit der Fähre fuhr, wurde ein offizieller Behelfsübergang eingerichtet, mit kleinen Tannen als Markierungen im Eis und Holzplanken von einem Ufer zum anderen, und wer hinüberlaufen wollte, der mußte einen Fünfer bezahlen, so als würde er mit der Fähre fahren. Natürlich hat es auch viele gegeben, die sind einfach schwarz über die Elbe gelaufen."

Postelwitz, der Geburts- und Wohnort des pensionierten Fährmanns, in dessen Küche ich bei einer Flasche Bier sitze, besteht aus einer Uferstraße und einer langen Reihe von Häusern; dahinter beginnt die Felswand. Die spitzen Giebel der Postelwitzer Häuser schauen bereits seit über 300 Jahren auf den Fluß, der keinen Steinwurf weit entfernt vorbeifließt. Noch 1907 war das Dorf nur durch die Elbe, nicht durch Straßen mit den Nachbarorten verbunden.

„Auch die Toten reisten über die Elbe", sagt der Fährmann. „Es gab ja nur in Schandau einen Friedhof. Und wenn in Schmilka jemand starb, dann konnten wir das Boot mit den trauernden Angehörigen und dem Sarg hier vorbeifahren sehen. Als letzte Fahrt nicht schlecht." Er lacht.

Heute ist Postelwitz Teil des bürgerlichen Bades Schandau, ehedem ein wichtiger Umschlagsplatz des Elbehandels: Von hier wurden die „böhmischen Waren" Getreide, Obst und Glas nach Hamburg verschifft, und die

Das Stadtwappen von Wehlen: ein klobiger Elblastkahn, der unter vollen Segeln steht.

„Hamburger Waren", vor allem Heringe, auf Wagen umgeladen. Später kam der Fremdenverkehr – Schandau ging es nie schlecht. Die Postelwitzer aber waren arme Leute, Schiffer, Steinbrecher und Schmiede. „Hier gab es die letzte Ankerschmiede an der Elbe", erzählt der Fährmann weiter. „Bis 1954 wurden alle Anker mit der Hand geschmiedet. Und während des Krieges hat man hier sogar die großen Anker für Kriegsschiffe gemacht. Das war schwere Arbeit für die zwölf bis 14 Schmiede. Aber Arbeit wenigstens haben sie gehabt."

Die Schiffer dagegen, deren Kähne im Eis festsaßen, warteten das Frühjahr zu Hause bei ihren Familien ab. Solange der Winter dauerte, verdienten sie nichts. Die Frauen machten in diesen Monaten Blumen, Kunstblumen; jedes Sträußchen brachte ein paar Pfennige ein. Und wenn der Mann des morgens Holz geholt und gehackt hatte, dann setzte er sich zu seiner Frau und machte ebenfalls Blumen.

Die Steinbrecherfamilien von Postelwitz waren nicht besser dran. Die Männer starben mit fünfundvierzig, fünfzig Jahren an Silikose. Noch in den dreißiger Jahren gab es in Postelwitz 20 Steinbrecherwitwen, jede mit fünf oder sechs Kindern. „Die hatten ein kleines Feld, oben, auf dem Felsen überm Haus, wo sie Kartoffeln zogen", erinnert sich der Fährmann. „Den Mist zum Düngen haben die Frauen mit der Kiepe hochschaffen müssen. Natürlich gab es weder Strom noch fließendes Wasser; vier Quellen lieferten Trinkwasser fürs ganze Dorf – und wenn die Mutter waschen wollte, dann reichte auch das Wasser aus der Elbe.

Das einzige, was wir hier hatten, das war die Schifferfastnacht. Jedes Jahr am 2. Februar. Seit 1612. Einmal im Winter die Möglichkeit, über den Hunger zu essen und über den Durst zu trinken. Vormittags war der Umzug mit den Kähnen, und nachmittags zogen die Männer los, von Haus zu Haus, und die Frauen haben sie bewirtet.

Wissen Sie, das konnte man machen, solange wir in Postelwitz noch unter uns waren. Die Schifferfastnacht feiern wir zwar nach wie vor. Aber heute kommen so viele Fremde, die nur mal billig saufen wollen, da kann man die Gastfreundschaft nicht mehr so unbesehen praktizieren wie einst."

Die alten Zeiten in der Sächsischen Schweiz, sie mögen schlecht gewesen sein oder gut, hart aber waren sie immer. Landwirtschaft ist im Gebirge stets nur in engen Grenzen möglich gewesen. Und Industrie ist nie bis in die engen, kleinen Dörfer am Fluß vorgedrungen. Einzig die Kunstblumenproduktion war im ganzen Gebirge verbreitet – eine Verlegenheits-, ja Verzweiflungslösung für Menschen, die jeden Tag ums nackte Leben kämpfen mußten.

Und dann wurde die Sächsische Schweiz zu Anfang des 19. Jahrhunderts von Studenten der Dresdener Kunstakademie als natürliches Kunstwerk entdeckt. Abenteuerhungrige und romantisch gestimmte Bürger brachen alsbald auf, um sich mühselig und staunend durch „die pittoreske Felsenwelt an der Elbe" zu schlagen. Deren Berichte wiederum lockten Kupferstecher an, die mit ihren Bildern von gezackten Kämmen und einsamen Felsnadeln einem großen Publikum die Augen öffneten für die einzigartige Landschaft vor der eigenen Haustür. Immer häufiger brachen Reisegruppen zu tagelangen Expeditionen auf; geschlafen wurde auf einer Schütte Stroh in Sägewerken und Mühlen. In den siebziger Jahren des letzten Jahrhunderts gab es 48 hauptamtliche Schweizführer; dazu kamen Hunderte von Sesselträgern, Pferde- und Maultierführern, die sich an den Ausgangsorten solcher Ausflüge ins Unbekannte bereit hielten. Reisehandbücher dieser Zeit spiegeln die vertraute Erfahrung, daß es die Bürger mit den Entbehrungen unterwegs aber auch nicht übertreiben wollten:

Aus sächsischem Sandstein wurde auch das Brandenburger Tor in Berlin erbaut.

„Man versehe sich … mit einem Messer, einem hölzernen Becher oder sonst festem Trinkgeschirr, mit einem strohüberflochtenen Fläschchen, um es mit Wasser, Milch oder Wein zu füllen, mit Limonadepulver oder Weinsteinkrystallen, um sich bei jeder Quelle ein kühlendes Getränk bereiten zu können; und wer es noch bequem fortbringen kann, nehme einige Eier, klaren Zucker, Arak oder Rum mit einem Theelöffel mit; nichts ist bei großer Hitze nach starker Erhitzung labender und stärkender als ein Eidotter in das Glas geschlagen, klaren Zucker eingerührt und dann Arak oder Rum daruntergerührt und so getrunken."

Schon die allerersten Touristen aber finden keine wilde, unberührte Natur mehr vor. Seit dem 13. Jahrhundert nämlich wird das Gebirge allmählich zu Kanonenkugeln, Grabplatten, Häusern, Kirchen und Palästen verarbeitet. Der helle Sandstein sieht repräsentativ aus und ist, weil bequem zu behauen, bei Steinmetzen beliebt – nicht nur in Dresden. Als um die Jahrhundertwende der Hamburger Hafen erweitert wird, haben die Brüche im Elbsandsteingebirge Hochkonjunktur. Und ohne Rücksicht auf die bizarre Schönheit der Felsen fressen sie sich ins Gebirge vor. Unmittelbar an der Elbe gelegen und daher für jedermann sichtbar, gehörten die „Weißen Brüche" von Stadt Wehlen zu den bekanntesten.

Nach Wehlen hinein kommt man nur durch die Hintertür, also über den Berg. Die Landstraße senkt sich plötzlich durch ein Kerbtal hinab in einen Haufen zusammengewürfelter, blaßgelber Häuser, der sich erst hinter dem niedrigen Stadttor zu einem geräumigen Marktplatz mit Rathaus, Kirche und „Strand-Hôtel" ordnet. „Herrliche Veranda mit Blick nach der Elbe" steht in matter Schrift neben dem Eingang zum Hotel. Hinter der „herrlichen Veranda" liegen zwei Fähren am Ufer. Eine davon ist in Betrieb – eine strömungsgetriebene Seilfähre für Fahrräder und Menschen, mit der ich zwischen den Ufern hin- und herfahre, jedesmal für einen Groschen. Zu den „Weißen Brüchen", über die ich etwas erfahren möchte, fällt dem Fährmann zwar nichts, über die zweite Wehlener Fähre dafür umso mehr ein: Es ist die älteste Dampffähre des Kontinents, Baujahr 1925, ein richtiger kleiner Dampfer mit elegant geneigtem Schornstein und Gardinen an den Fenstern, mit einem schottischen Einflammrohrzylinder-Rauchrohrkessel und 45 PS. „Einsetzen dürfen wir sie leider nur bei Eisgang oder Hochwasser", sagt der Fährmann. „Der Kohleverbrauch liegt bei acht bis zehn Zentnern pro Tag. Acht bis zehn Zentner, das kann sich hier doch keiner leisten." Eine Schubkarre voller Braunkohlenbriketts steht immerhin am Ufer bereit – als symbolisches Lebenszeichen vielleicht.

Mit dem Leiter des Wehlener Heimatmuseums – genauer: Landeskundlichen Kabinetts – gerate ich dann doch noch an einen Steinbruchfachmann. In seinem gemütlichen Felsengartenhaus hoch über der Stadt erzählt er mir eine höchst ungemütliche Geschichte.

„Sie wissen, wie man eine Sandsteinwand fällt?"

Ich gebe zu, den Ausdruck noch nie gehört zu haben.

„Aber daß Sandstein durchzogen ist von natürlichen Fugen, davon haben Sie schon gehört?"

Ich bleibe ehrlich. „Nein."

„So. Dann stellen Sie sich vor, man würde eine Felswand so weit unterhöhlen, bis man an eine solche Fuge stößt – die Wand würde in sich zusammenbrechen. Und ganz genau das haben Steinbrecher jahrhundertelang gemacht. Noch 1960 ist hier in der Gegend so gearbeitet worden."

Steinbrecher müssen gute Nerven gehabt haben. Gewöhnlich wurde eine Wand auf einer Breite von 20 Metern untergraben, zehn bis zwölf Meter tief in den Berg hinein. Das dauerte natürlich Monate. Brocken für Brocken mußte aus der Sohle herausgesprengt werden. Damit die Wand nicht vorzeitig brach, wurden von Zeit zu Zeit Stützen eingezogen. Früher hatte man Holzstempel genommen, später Steinsäulen gesetzt. In die Lücken zwischen Säulen und Wandüberhang wurden Glas- oder Tonscherben gesteckt, primitive Alarmanlagen: knisterte oder splitterte es, war eine gewisse Vorsicht geboten. Es hing ja eine Wand von 30 bis 40 Metern Höhe über den Männern.

Der herausgesprengte Hohlraum mußte immerhin so geräumig sein, daß die Männer bequem darunter arbeiten konnten. Und Licht mußte auch hineinfallen. Irgendwann, nach Wochen und Monaten, kam der Tag, an dem die Männer über sich ein langes, dumpfes Dröhnen hörten, gefolgt von einem knirschenden, mahlenden Geräusch. Das war der Augenblick, in dem der Sprengmeister ein säuerliches Lächeln aufsetzte und abwinkte – viel Lärm um nichts, ein harmloser Spuk. Die Männer arbeiteten weiter.

Inzwischen war auf dem Vorplatz ein Bett angelegt worden, damit die Wand auch weich fiel, ein Bett aus Abraum und Schutt, mit Laufgassen für die Sprengmannschaft. Und erst, wenn nach Meinung des Sprengmeisters die Wand locker genug saß, wurden Sprenglöcher in die Stützpfeiler gebohrt, und eine Gruppe von fünf oder sechs Männern zündete die Ladungen in den Pfeilern in genau berechneter Reihenfolge, die vordersten zuletzt, rannte dann los und sprang in Dekkung, bevor das betäubende Donnern einsetzte – und es war purer Zufall, ob der gewaltige Steinhaufen anschließend genügend intakte Steinbänke enthielt – oder ob das Ganze ein einziger unbrauchbarer Scherbenhaufen war.

„Und wie riskant war dieses Verfahren nun in Wirklichkeit?" „Nun ja", sagt der Museumsmann gelassen, „wenn die Wand nach der Sprengung nicht fiel, weil sie irgendwo festhing, dann wurde es schon problematisch. Bei Postelwitz sind einmal 23 Steinbrecher verschüttet worden. Aber weil die Wand am Stück heruntergekommen war, hatte sich ein Hohlraum am Sockel gebildet, und alle 23 wurden drei Tage später lebend geborgen. Aber so oft wurde von einer Mannschaft ja auch nicht gesprengt, einmal im Jahr, höchstens zweimal. Danach hatten alle genug damit zu tun, die Reste der Wand auf Pferdefuhrwerken fortzuschaffen."

Oder auf Elbkähnen. Wenn ein Steinbruch direkt an der Elbe lag, war der Abtransport kein Problem. Ein Problem war, daß die Wände manchmal in die Elbe fielen und den Schiffsverkehr blockierten, der ohnehin seit Jahrhunderten unter der Steinbrecherei litt. Von 1550 bis 1870 war der Abraum der Brüche rücksichtslos in den Fluß geschüttet worden. Die Folge waren Überschwemmungen im Oberlauf und riesige Sandbänke im Unterlauf, dort, wo die Strömung schwächer

Hinter der „herrlichen Veranda" des Wehlener „Strand-Hôtels" liegt die Fähre, mit der man für einen Groschen übersetzen kann.

wurde. Als 1870 wieder einmal eine Wand der „Weißen Brüche" in der Elbe landete, setzten sich die Schiffer mit ihren Protesten durch: Die ufernahen Steinbrüche wurden stillgelegt.

Auf dem Rückweg vom Museum in die Stadt entdecke ich über einigen Hauseingängen das Stadtwappen von Wehlen: ein klobiger Elblastkahn unter vollem Segel, dessen Flagge gegen den Wind steht. Wie Postelwitz auch ist Wehlen eine Stadt der Schiffer gewesen – weniger der Handelsschiffer als der Geleitschiffer, der Lotsen. Noch in der Mitte des 19. Jahrhunderts floß die Elbe ja, wie Gott sie erschaffen hatte, mit unbefestigten Ufern, von Sandbänken durchzogen und selten über einen Meter tief. Die Wehlener Geleitschiffe sorgten für eine möglichst reibungslose Fahrt der Lastkähne durch dieses Wasserlabyrinth.

Auf Flußabschnitten aber, die ohne Lotsen durchfahren werden mußten, wurde die Schiffahrt zum akrobatischen Slalom. Bis ins 18. Jahrhundert hinein fuhr der Steuermann seinem Schiff in einem Boot voraus und machte die Fahrrinne mit Stöcken kenntlich: „Vermahlen" hieß das in der Schiffersprache. An einem nackten Mahlstab hatte der Ruderknecht das Schiff rechts vorbeizusteuern; links mußte er sich halten, wenn der Mahl-

stab einen Strohwisch trug. Und hinter dem Schiff fuhr der Mahlknecht her und sammelte die Stäbe wieder ein – beim nächsten Schiff schon konnte die Fahrrinne wieder ganz anders verlaufen.
Heute muß man in den Orten am Fluß lange nach einem Schiffer suchen. Und hat man einen gefunden, dann hat er sich mit Sicherheit vor vielen Jahren zur Ruhe gesetzt, so wie der letzte Schiffer von Wehlen. Sein Haus steht unten am Fluß, wo viele ein privates Gärtchen jenseits der Uferstraße besitzen, mit Bänken, auf denen man nach einem Arbeitstag im Rhythmus der gemächlich pendelnden Fähre sein inneres Gleichgewicht wiederfinden kann.
Die Wohltat einer philosophischen Gartenbank bleibt mir heute jedoch wegen des schlechten Wetters versagt. Stattdessen sitze ich im düsteren Arbeitszimmer des Schiffers in einem Durcheinander alter Fotos, in das der alte Herr immer neue Unordnung bringt, bis er die Fotografie seines Kahns dann doch noch findet. „Ein Kompositkahn", er läßt das Wort auf der Zunge zergehen, „der Boden aus Holz, die Haut aus Eisen. 70 Meter lang, zehn Meter breit. Baujahr 1913. Liegt seit 30 Jahren als schwimmender Speicher im Hafen von Dresden." Auf dem Foto glaube ich, einen Segelmast zu erkennen. „Ja sicher", sagt er fröhlich, „wir sind von Ústi bis Hamburg gefahren, ohne einen Liter Sprit zu verbrauchen. Bergab ging es unter Segel, bergauf im Schlepp. Und der einzige Motor an Bord war die motorisierte Ankerwinde von 1949.
Sie können sich nicht vorstellen, was früher auf der Elbe losgewesen ist. Mit 15, 18 Kähnen haben wir an einem Schlepper gehangen, wenn viele leere Kähne dabei waren.

Das Wappen über dem Eingang zum sogenannten Canaletto-Haus in Pirna.

Und wie viele Schiffahrtsgesellschaften es gab – die „Norddeutsche Vereinigte" und die „Deutsch-Böhmische" und die „Raubvogelgesellschaft", und wie sie alle hießen – sechs bis zehn Schleppdampfer besaß jede von ihnen. Dazu kamen dann noch die Privaten, die ihre Kähne zu Motorschiffen umgerüstet hatten.
Als die Zollstelle noch in Bad Schandau war, lagen dort jeden Morgen vier bis fünf Schleppzüge Seite an Seite, alle dampfbetrieben. Und wenn die in der Frühe losfuhren, lag Schandau erst einmal im Nebel.
Und drei Proviantschiffe hat es gegeben, bei Dresden, Riesa und Magdeburg, die ließen

sich, wenn ein Schleppzug vorbeifuhr, von Kahn zu Kahn treiben und fragten: Was wollt Ihr haben? Na, zwei Flaschen Schnaps, Limonade, Wurst und Gemüse – das wurde alles während der Fahrt an Bord genommen – fliegende Versorgung.

In den Jahren des Sozialismus ist die Schifffahrt dann zugrunde gegangen. Zunächst haben wir noch gedacht, es läge am Verkehrsminister, der Eisenbahner gewesen war. Aber als es mit der Eisenbahn genauso bergab ging wie mit uns, da wußten wir, es liegt am Sozialismus. Die Häfen sind nach und nach verfallen. Die Hafenanlagen wurden demontiert und verschrottet. Der Mühlberger Hafen ist 1968 aufgegeben worden. Und im Hafen von Riesa kann man Ziegen weiden lassen, so verschlammt sind die Hafenbecken."

Ohnehin scheint die Elbe der DDR-Führung nicht geheuer gewesen zu sein, weil sie nach Hamburg, in den Westen, floß. Daher der Plan, Rostock als Konkurrenzhafen zu Hamburg auszubauen. Das hieß aber, daß die Binnenschiffahrt nach Rostock umgelenkt werden mußte. Damit sich der Ausbau lohnte, versuchte man, auch den Tschechen diesen Plan schmackhaft zu machen. In den Verhandlungen wurde der tschechischen Seite sogar der Bau eines Verbindungskanals zwischen Elbe und Rostock in Aussicht gestellt. Später ist von diesem Kanal dann nie mehr die Rede gewesen.

Der erste tschechische Versuchskonvoi fuhr also über die Berliner Gewässer auf die Oder und oderabwärts bis Stettin. Die Fahrt mußte dann durch die Küstengewässer der Ostsee bis nach Rostock fortgesetzt werden, keine ungefährliche Route. 1949 war ein ganzer Schleppzug im Sturm auf der Ostsee gesunken. Die polnische Hafenbehörde ließ die Schiffe deshalb warten, bis sich kein Lüftchen mehr regte. Gleich der erste tschechische Schleppzug lag acht Tage in Stettin fest. „Die Tschechen", sagt der Schiffer, „sind danach schnell wieder auf die Elbe zurückgekehrt und weiter nach Hamburg gefahren. Wir aber, wir sind jahrelang treu und brav über die Ostsee nach Rostock gegondelt."

Unerschöpflich scheint der Vorrat an Fotos und Geschichten. Vielleicht erfahre ich hier, was es mit dem „fliegenden" Raddampfer in Mělnik auf sich hat. „Das ist die Dukla", kommt die Antwort prompt. „1953 gebaut, 750 PS. Seitenradschleppdampfer. Hatte in den siebziger Jahren einen technischen Defekt, der nicht mehr zu beheben war. Ersatzteilmangel. Da haben sie die Schaufelräder abmontiert, damit er durch die Schleusen paßte, haben ihn nach Mělnik geschleppt und aufgebockt. Sollte ein Café werden. Haben zu spät bemerkt, daß in Mělnik keiner das Schiff wollte. Die „Dukla" ist ja nie die Mělniker Strecke gefahren. Und die Leute kommen doch nicht zum Kaffeetrinken auf ein Schiff, zu dem sie keine Beziehung haben, nicht wahr?"

Für den nächsten Morgen um acht Uhr früh bin ich zu einer Sprengung geladen. Es ist frisch, als ich auf dem Grund des Steinbruchs den Sprengmeister begrüße. Wie alle Brüche, in denen noch gearbeitet wird, liegt auch dieser in einer Randzone der Sächsischen Schweiz, nicht weit von Pirna. Gemeinsam gehen wir zu der gelben Felswand, an der zwei Männer gerade die letzten Bohrlöcher anbringen. „Wir bauen die Wand scheibchenweise ab", sagt der Sprengmeister, „immer von oben nach unten. Heute morgen haben wir nur eine kleinere Sprengung vor, ich fürchte, Sie werden enttäuscht sein." Kurz darauf kommt schon die Aufforderung, in Deckung zu gehen, der Sprengmeister gibt das Hornsignal, die Sprengschnur wird gezündet, und was ich dann höre, ist ein trockener Knall, lauter als der eines Sektkorkens, aber nicht viel dramatischer. Bis auf eine dünne Rauchfahne, die sich schnell verzieht, sehe ich zunächst keinen Unterschied. Erst beim Nähertreten erkenne ich einen feinen Spalt zwischen dem Kantenstück und dem Rest der Bank. Ich bin weniger enttäuscht als verblüfft: Der losgesprengte Block, der jetzt von einem Kran in die Luft gehoben und auf dem Stapelplatz abgesetzt wird, wirkt mit seinen sauberen Kanten und Seitenflächen wie aus der Wand herausgestanzt. „Ja, mit Sandstein können Sie das machen", sagt der Sprengmeister zum Abschied. „Wenn das natürliche Gefüge günstig verläuft, dann brauchen wir nur noch etwas nachzuhelfen. Schonendes Sprengen nennt man das."

Am Mittag fahre ich zu den Sächsischen Sandsteinwerken in Pirna. Während die Empfangsdame nach einem Kollegen telefoniert, der mir das letzte Kapitel aus der Geschichte der Steine erzählen könnte, schaue ich mich um. Draußen auf dem Hof türmen sich die Steinquader aus den Brüchen. Von Weiß bis Hellbraun sind alle Sandsteinfarben vertreten. Auf dem Boden in einer Ecke hinter der Eingangstür liegt eine verschmutzte Broschüre mit dem Titel: „Programm der Sozialistischen Einheitspartei Deutschlands". Am schwarzen Brett, neben dem Speisezettel der Kantine für diese Woche, hängt eine Fotokopie der dritten Strophe des Deutschlandlieds. Ich werde in das Büro eines Ingenieurs gebeten.

„Hier in Pirna wird der Sandstein veredelt", erklärt er mir. „Die Blöcke werden mit Diamantsägen in Platten zersägt, zugefräst und schließlich geschliffen. Die üblichen Endprodukte sind etwas so Triviales wie Verblendungs- oder Fußbodenplatten. Kleinere Blöcke gehen aber auch in die Gebäuderestauration, zu den Steinmetzen und Bildhauern im Dresdner Zwinger oder nach Schloß Sanssouci."

„Sie liefern auch nach Berlin?"

Der Ingenieur sieht mich groß an. „Woraus, glauben Sie, besteht das Brandenburger Tor? Oder der Reichstag in Berlin? Oder nehmen wir die Außenfassade des neuen Düsseldorfer Landtags am Rhein. Das ist alles Sandstein von der Elbe, alles aus unseren Brüchen."

Nach Sonnenuntergang mache ich mich auf den Weg durch das nächtliche Pirna. Die Straßen sind dunkel und wie ausgestorben. Das Glucksen und Rauschen der vielen öffentlichen Brunnen, es hört sich an, als zöge sich das Wasser der Elbe nach einer langen Überschwemmung allmählich wieder ins Flußbett zurück. Mülltonnen im gelben Licht der weitverstreuten Straßenlaternen scheinen das einzige Lebenszeichen zu sein. Zunftschilder über Eingängen, Brezeln und gekreuzte Hämmer, zeichnen sich schwarz gegen den nassen Nachthimmel ab. Wie die Tatwaffe eines abscheulichen viktorianischen Verbrechens erscheint im Vorübergehen das Küchenmesser über einer Schleiferei. In den Straßennamen kommt die mittelalterliche Struktur des Ortes wieder zum Vorschein: Badergasse, Schmiedegasse, Töpfergasse. Und Gerberhäuser, günstig gelegen zwischen Schlachthof und Elbe, in der die Felle gewässert wurden. An einem Strommast klebt ein aufgeweichtes Plakat: „Karriere ist machbar. Wer zuerst kommt, den belohnt das Leben“. Und über den hohen Dächern der großen, alten Kaufmannshäuser taucht immer wieder ein Ausschnitt des Schlosses auf, das schwärzer als die Nacht drohend über der Stadt schwebt.

Hinter den Gerberhäusern finde ich, was ich suche: den ehemaligen Steinplatz. Nur noch der Name ist geblieben. Verschwunden ist der Hafen für die Steinkähne aus Postelwitz, Wehlen und den anderen Orten zwischen Felsen und Fluß. Verschwunden ist auch der Stapelplatz, von dem die Steine auf ihre Reise stromabwärts gingen, nach Hamburg, Antwerpen und Kopenhagen.

Die Elbfähre bei Schmilka. Einst reisten auch die Toten über die Elbe nach Schandau, da Schmilka keinen eigenen Friedhof hatte.

Dresden: Am sächsischen Canal Grande

Wie Pirna – und viele andere Orte am Lauf der Elbe – ist Dresden eine slawische Gründung. „Na pernem“ heißt „auf dem harten Stein“ und spielt auf Pirnas Lage am Rand des Gebirges an. „Dreždžem“ heißt „Ort der Sumpfwaldmenschen“ und beschreibt die Lage Dresdens in einer bewässerten Ebene. Zugleich liefern diese beiden Namen auch die Erklärung dafür, warum „na pernem“ Pirna blieb. Und warum „dreždžem“ Dresden wurde. Das von Bergen beengte Pirna ließ für bauliche Entfaltung wenig Raum. Dresden aber war offen und ohne natürliche Begrenzung – Platz genug für eine herzögliche Residenz und alles, was noch kommen sollte. Und deshalb erhob der Herzog Ernst von Sachsen Dresden 1485 zur Hauptstadt seines Landes. Das viel bedeutendere Pirna mußte daraufhin seine Privilegien an die „Sumpfwaldleute“ abtreten. Und Dresdens Aufstieg zu einer der prächtigsten Städte Europas begann.

Das moderne Dresden hat zwei Gründungsväter: August den Starken und Walter Ulbricht. Von dem einen spricht nur noch eine unscheinbare Tafel am „Alten Markt“: „Walter Ulbricht legte hier am 31. 5. 1953 den Grundstein für den Aufbau unserer modernen sozialistischen Großstadt Dresden. Unter Führung der Partei der Arbeiterklasse entstand Dresden als Stadt der sozialistischen Großindustrie, Zentrum der Wissenschaft und Technik, Stätte der Kultur und der neuen sozialistischen Kunst sowie als Anziehungspunkt für den wachsenden internationalen Touristenverkehr. Dresden zum 20. Jahrestag der DDR.“

Von dem anderen sprechen alle. Selten dürfte es ein Fürst verstanden haben, so dauerhaft die Sympathien seines Volkes zu gewinnen wie August der Starke. In den fünfziger Jahren wollte sich die SED durch eine Volksbefragung einer breiten Zustimmung für den Abriß des goldenen Reiterstandbildes des feudalen Volksschädlings versichern. Über 90 Prozent der Dresdner stimmten für den Verbleib des Schädlings.

Und darum – auch wenn es andere Gesprächsthemen gäbe, Walter Ulbricht etwa – läuft der Abend meiner Einladung bei einer Dresdener Architektenfamilie auf eine Einführung in die wahre sächsische Geheimwissenschaft hinaus: die Lebensgeschichte Augusts des Starken.

„Haben Sie den Daumenabdruck Augusts des Starken noch nicht gesehen? Der befindet sich in einem geschmiedeten alten Geländer an der Brühlschen Terrasse. Wer Hufeisen verbiegen kann, der kann auch seinen Daumen in ein Geländer drücken, nicht wahr? Der Abdruck ist schon etliche Male herausgesägt und gestohlen worden – man hat ihn aber immer wieder eingeschweißt.“

Ich würde gern wissen, wie der Dresdner Zwinger an seinen Namen gekommen ist.

„Ein Zwinger ist eigentlich ein Teil der Stadtbefestigung, der Graben zwischen innerem und äußerem Wall. Im Mittelalter wurden

Blick von der Augustusbrücke auf die nächtliche Altstadt Dresdens mit St. Trinitatis, dem italienischen Dörfchen und der Semperoper.

In stolzer Levade vor sozialistischer Plattenbauweise: das Reiterstandbild Augusts des Starken auf dem Neustädter Markt.

FRID. AVGVSTVS I.
DVX SAXONIAE S.R.I. PRINCEPS
ELECTOR ARCHIMARESCHALLVS
IDEMQVE REX POLONIAE
AVGVSTVS II

Orientalischer Bauweise nachempfunden: das Tabakkontor, 1909 als Zigarettenfabrik erbaut.

dort wilde Tiere gehalten. Nun brauchte August eine ordentliche Festspielkulisse. Und da der Platz zwischen Schloß und Stadtmauer nicht ausreichte, ließ er die Mauer teilweise abreißen. Das gab großen Ärger mit dem Festungskommandanten, den mußte August persönlich zur Ruhe bringen. Aber im Sachsen dieser Zeit waren militärische Überlegungen eher zweitrangig. Die Sachsen waren es ja nachgerade gewöhnt, ihre Kriege zu verlieren. Viel wichtiger war August, daß ganz Europa von seinen Festen schwärmte." Und Europa schwärmte. Verantwortlich für diesen Erfolg war nicht zuletzt Daniel Pöppelmann, der Architekt des Zwingers. Als Hofarchitekt wurden von ihm nicht nur laufend neue Entwürfe für das baufällige Schloß erwartet. Er mußte auch Feste inszenieren und Kulissen entwerfen. Pöppelmann dürfte kaum noch zur Ruhe gekommen sein, denn August liebte Feste genauso wie Schlösser. Der Versuchung, sich in August den Starken zu versetzen, kann meine Gastgeberin an dieser Stelle nicht wiederstehen: „Es war bestimmt nicht einfach, Regent zu sein. Aber es hat ihm sicher auch Spaß gemacht, dieses Verkleiden und über Wochen hinweg in immer neue Rollen schlüpfen. Bei den Faschingsfesten im Riesensaal des Schlosses hat er selbst den Mundschenk gemacht, und jeder Bürger, der anständig gekleidet war – also eine Maske trug – wurde von ihm mit diesem säuerlichen sächsischen Weißwein verköstigt."

Im Jahre 1709 bot der Besuch des dänischen Königs Friedrich Gelegenheit für ein Fest, das erst nach 30 Tagen zu Ende ging. Einer der Höhepunkte war ein Fußturnier auf dem Altmarkt „Hier, sehen Sie." Der Architekt öffnet eine Mappe mit Kupferstichen. Auf dem ersten Blatt stehen sich etwa 60 Schwertkämpfer in Helm und Harnisch gegenüber, durch eine brusthohe Schranke voneinander getrennt. Stadtkulisse und Teilnehmer sind mit derselben Liebe zum Detail wiedergegeben. Selbstverständlich waren nur Edelleute bei diesem Turnier zugelassen. Nach dem Reglement mußten alle gleichzeitig aufeinander einschlagen. Wer mit fünf Streichen die mei-

Als Festkulisse ließ August der Starke den Dresdner Zwinger bauen, benannt nach jenem Teil der Stadtbefestigung, die dem Neubau weichen mußte.

sten Schwerter zerschlug, war Sieger. Da war Kraft und nicht Geschicklichkeit gefragt – ganz nach dem Geschmack des starken Augusts. Wie viele Edelleute dabei blessiert wurden, ist nicht überliefert.

Für ein nächtliches Spektakel im Rahmen dieser Festwochen war eine Elbinsel gebaut worden. „Als sie an Dresden vorbeischwamm", erzählt meine Gastgeberin wie eine Augenzeugin, „leuchteten erst die Namen der beiden Monarchen feurig auf, und dann explodierte das Ganze und versank in den Fluten. Das war schon eine irrsinnige Inszenierung – wochenlang hatten die Zimmerleute an dieser Insel gearbeitet, die dann nach wenigen Minuten in die Luft fliegt. Aber die Zuschauer haben sich dann auch jahrelang daran erinnert."

Beliebt waren offenbar auch Feste, bei denen sich der Adel am Anblick lebender Bauern ergötzte. Die Dorfuntertanen wurden auf Leiterwagen in den Großen Garten gefahren, wo eine gigantische Dorfkirmes sie erwartete, mit Armbrustschießen und Kegelschieben und Hähnen, denen der Kopf mit dem Dreschflegel abgeschlagen werden mußte. Und Mägderennen. Am Ziel mußten die Läuferinnen auf Wassertonnen mit durchlöcherten Deckeln springen, wobei ihnen das Wasser unter die Röcke spritzte – zum königlichen Vergnügen der Hofgesellschaft. Viel gelacht wurde auch beim Gänseziehen: Im Vorbeireiten mußte ein Bauer einer Gans den eingeölten Kopf abreißen – wobei der meist vom Pferd fiel.

So etwas wie die Hochzeit zwischen dem Sohn Augusts des Starken und der Kaisertochter Maria Josepha im Jahre 1719 aber hatten selbst die Dresdner noch nicht gesehen. „Die Beilager-Festivitäten" sollten alles bisher Dagewesene in den Schatten stellen. Das Festprogramm sah Hunderte von Veranstaltungen für den ganzen Monat September vor. Sogar am einzigen Ruhetag, dem 16. September, konnten Unermüdliche noch ein Damen-Ballett besuchen. Unter der schier unüberschaubaren Menge von Gästen befanden sich auch Telemann aus Hamburg und Händel aus London.

Eine venezianische Prachtgondel mit drei Spiegelgemächern, innen mit rotem Samt überzogen und außen vergoldet, holt die Braut in Pirna ab. 15 holländische Jachten begleiten sie bis Dresden. Der Adel Europas, vom König bis zum kleinsten Niederlausitzer Edelmann, steht Spalier, als die Kaisertochter an Land geht. Nach der Messe wird in der ganzen Stadt getafelt – August und seine besten Freunde essen buchstäblich von goldenen Tellern.

Vom ersten bis zum letzten Tag des Monats ist Dresden die Kulisse einer Wunschwelt, einer Welt des puren Vergnügens. Der 12. September etwa beginnt mit einer Kantate, die ein Sänger, als Jupiter verkleidet, von der Höhe einer großen, kostbaren Maschine, der Chaosmaschine, herab vorträgt, als Auftakt zum Schauspiel der Elemente im Innenhof des Zwingers, an dem sich viele Fürsten, nach August selbst, als Schauspieler beteiligen. Anschließend, nach einer kleinen Stärkung, zieht die ganze Gesellschaft hinunter zur Elbe, wo eine „Wasserjagd" stattfinden soll. Die musikalische Einleitung erfolgt diesmal von einem muschelförmigen Schiff aus, in dem die Mitglieder der italienischen Oper sitzen und eine Kantate anstimmen, begleitet vom gesamten Hoforchester plus Klavier, das

Das japanisch inspirierte Schloß Pillnitz mit Wasserpalais und Freitreppe, an der die Gondeln der Festgesellschaften anlegten.

ebenfalls in der schwimmenden Muschel Platz gefunden hat. Titel der Kantate: „Diana auf der Elbe".

Am Elbufer oberhalb des eigentlichen Schauplatzes ist ein Wildgehege angelegt worden. Zwei Wochen hat man gebraucht, um genug Tiere zusammenzutreiben. Kaum ist die Kantate verklungen, macht sich das Muschelschiff eiligst aus dem Staub, denn jetzt setzt eine wilde Schießerei ein: 300 Stück Wild, darunter 20 große Hirsche und zehn kapitale Wildsauen, werden freigelassen und in die Elbe gejagt. Die schwimmenden Tiere werden vom Ufer aus erlegt, und auch die Braut feuert fleißig aus ihrem Pavillon heraus in das tierische Getümmel. Rehe und Säue, die sich an Land retten wollen, werden von Förstern wieder ins Wasser zurückgejagt oder gleich von Kavalieren mit Lanzen niedergestochen. Um sechs Uhr abends ist alles vorbei – was nicht erschossen wurde, ist ertrunken. „Sie sehen, Tiere besaßen lediglich Unterhaltungswert – von Jagdhunden einmal abgesehen. Zum Schutz der Hunde wurden Ebern sogar die Hauer abgefeilt, bevor man sie zur Jagd freigab."

Aber mit der „Wasserjagd" ist das Programm noch lange nicht zu Ende. Nach einer Umkleidepause trifft man sich im Theater wieder, zu einer italienischen Komödie. Und nachts wird das Bankett von Saturnalien begleitet, zu deren Kulisse zwei künstliche, feuerspeiende Vulkane gehören. Erst wer das hinter sich gebracht hat, darf sein Quartier aufsuchen.

In Berlin gab es jemanden, dem war dieses sächsische Treiben im höchsten Maße suspekt. Jemand, der sich nicht vorstellen konnte, Geld nur zum Vergnügen auszugeben. Der preußische König. Und selbst der hat sich, ganz gegen seinen Willen, köstlich amüsiert, als er im Jahre 1726 nach Dresden kam. „Ich bin in Dresden und springe und tanze, ich bin mehr fatigieret, als wenn ich alle Tage zwei Hirsche tothetze", schrieb er damals nach Berlin.

Über alle diese Feste weiß man ebensogut Bescheid, als wäre jederzeit ein Fotograf dabei gewesen, weil alles bis ins Kleinste auf Kupferstichen festgehalten wurde. Und in den Chroniken zu jedem Fest ist heute noch nachzulesen, wie viele Dachse, wie viele Füchse oder Bären bei einer Hatz erstochen wurden, und wer mit wem in welcher Reihenfolge tanzte. Und manchmal liest man dann über das Ende eines Balls: Es tanzt der König allein.

Ermuntert von solchen Geschichten und etlichen Gläsern gar nicht so säuerlichen sächsischen Weißweins versuche ich mir auf dem Rückweg ins Hotel den deutschen Bundespräsidenten vorzustellen, wie er den Bundespresseball mit einer tänzerischen Solodarbietung beschließt.

Am nächsten Morgen, noch vor den ersten Touristen, begebe ich mich in den Zwinger, den Schauplatz zahlloser sächsischer Lustbarkeiten. An der Schloßruine gegenüber wird bereits emsig gearbeitet. Jahrzehntelang hatte sich die Stadtverwaltung von Dresden mit Maßnahmen begnügt, die den endgültigen Einsturz der Ruine aufhielten. Kommunisten ist es nicht zu verdenken, daß ihnen die Wiederherstellung eines Palastes als Zumutung erschien – von den finanziellen Problemen, die der Wiederaufbau mit sich gebracht hätte, ganz zu schweigen. Der Zwinger immerhin – auch nicht eben ein Hort proletarischer Tradition – gehörte zu den allerersten Gebäuden, deren Restaurierung unmittelbar nach dem Krieg in Angriff genommen wurde.

Im Innenhof des Zwingers arbeitet ein Steinmetz unter der Plastikplane einer provisorischen Bauhütte an der Kopie eines grinsenden Fauns, der unterhalb der Fenstergalerie in der Außenwand sitzt. Druck und Kälte haben dem Original so zugesetzt, daß es ausgetauscht werden muß. Die Konturen seines Nachfolgers zeichnen sich bereits grob in dem frischen Sandsteinblock ab, den der Steinmetz mit kräftigen Schlägen bearbeitet. Auch ungeachtet der Kriegsschäden also muß der Zwinger ständig erneuert werden. Die Geschichte des Zwingers ist beinahe von Anbeginn an die Geschichte mühsamer Restaurierungsversuche. 1936 erst war die bis dahin gründlichste Wiederherstellungsphase abgeschlossen worden. Der Dresdner Zwinger hatte damit neun Jahre vor seiner Zerstörung einen Vollendungszustand erreicht wie nie zuvor.

Das über die halbe Wand gespannte Schwarzweiß-Foto im Aufenthaltsraum der Steinmetzen zeigt den Zwinger, wie er sich 1947 darbot. „Die großen Blätter hier in der Mitte des Innenhofs", sagt einer der Steinmetze, die sich zur Mittagspause getroffen

Vor der Pillnitzer Insel ist der Elbbiber „vor Anker gegangen". Biber leben durchaus nicht nur in unberührten Landstrichen. In Torgau lebt eine Familie in einem Bewässerungsgraben.

haben, „das wird Tabak sein. Und das da sind wohl Tomaten. Und daneben ein Beet mit Buschbohnen. Die Steinhäufchen entlang der Beete sind die Arbeitsplätze der Steinmetzen anno 1947. Und wenn ich mir das Gerüst ansehe, also, das ist schon eine Leistung, auf diesem Gerüst überhaupt Steine zu transportieren. Heute dürfte da kein Kollege mehr drauf. Der Anhänger in der Bildmitte übrigens hat Panzerräder."

„Ich habe mich immer gefragt", sagt ein anderer, „wieso man direkt nach Kriegsende wieder an den Aufbau des Zwingers gegangen ist. Vor kurzem erst habe ich erfahren, daß das auf Anordnung der sowjetischen Militärbehörde geschehen ist. Die Ulbrichtleute hätten ihn wahrscheinlich abgerissen. Prunkbauten der Ausbeutergesellschaft mußten weg. Unsere eigenen Kommunisten waren ja überzeugt, Dresden schöner denn je wieder aufzubauen."

Ich wende mich an den Bildhauer, der an der Kopie des Permoserfauns arbeitet. „In Zukunft wird dieser Faun nicht mehr von Permoser, sondern von Ihnen sein. Wie fühlt man sich, wenn das eigene Produkt für das Werk des großen Permoser gehalten wird?" Er winkt ab. „Das ist nur eine Nachbildung. Ich würde mir nie anmaßen zu sagen, ich habe ihn hundertprozentig so hinbekommen wie Permoser. Der hat mitunter das Eisen laufen lassen – ich müßte mich verbiegen, um diese Stellen genauso hinzubekommen. Ein Unding. Außerdem sind ja die meisten Skulpturen am Zwinger inzwischen Kopien, manche bereits in der zweiten, dritten Generation. Aber wichtig ist, daß er gut wird. Er steht ja im Sichtbereich vorn an der Treppe, da wird er begutachtet, also muß ich mir mehr Mühe geben, als wenn er irgendwo oben stände, wo man nicht hinkommt. In drei Monaten ist er fertig – dann kommt der nächste Permoserfaun dran."

Beim Verlassen des Zwingers kommt mir eine Reisegruppe entgegen. „Once it's restored, this will be the most beautiful place in the world", sagt eine tiefe texanische Männerstimme.

Sehr viel schlimmer als den Zwinger trafen die Bomben in der Nacht vom 13. auf den 14. Februar 1945 die Frauenkirche im Stadtzentrum. Zwar überstand sie das eigentliche Bombardement. Funkenflug aber setzte wenig später die Inneneinrichtung in Brand. Am Morgen des 15. Februar stürzte die Kuppel der Frauenkirche ein. Zwei hohe, schmale Mauerreste, Zähnen gleichend, sind alles, was von ihr übrigblieb.

Eine Bürgerinitiative kämpft heute vehement für den Wiederaufbau der Frauenkirche. Ihr Einsatz mag angesichts der fast vollständigen Vernichtung des Bauwerks donquijotesk wirken – unerklärlich ist er nicht. Denn die fast grenzenlose Liebe der Dresdener zu ihrer Stadt – sie hat ganz besonders dieser Kirche und dieser Kuppel gegolten.

Die Ausgangslage vor der Grundsteinlegung 1726 war verworren. Als August der Starke sich um die polnische Königskrone bewarb, war er zum Katholizismus übergetreten, was seine Chancen wesentlich verbesserte. Und seit er König von Polen war, wimmelte es am Dresdener Hof von, natürlich katholischen, Polen. Der protestantischen Bürgerschaft war das überhaupt nicht geheuer. Sie wünschte sich eine feste Burg, einen mächtigen Kirchenbau als unübersehbare Demonstration gegenüber dem Hof, den sie gegenreformatorischer Umtriebe bezichtigte.

Aber August dachte gar nicht an Gegenreformation. August dachte an eine schöne, große Kuppel für die Skyline seiner Hauptstadt. Eine Kuppel wie die der Hagia Sophia in Konstantinopel. Oder die der St. Paul's Cathedral in London. Oder die des Petersdoms in Rom. Und da befanden sich die Bürgerschaft und der König plötzlich im schönsten Einvernehmen.

Zum Architekten wurde George Bähr berufen. Der aber war eigentlich nichts weiter als der Stadtzimmermann. Von Kuppelbau verstand er schon deswegen nicht allzuviel, weil die theoretischen Grundlagen des Kuppelbaus erst nach seinem Tode aufgestellt wurden. Er baute die Kuppel trotzdem, nach Gefühl. Dabei konnte er nicht einmal auf zeitgenössische Vorbilder zurückgreifen. Seit der Antike hatte niemand mehr eine Kuppel aus Stein gebaut. Die Frauenkirche aber erhielt eine Kuppel aus Stein. Und während alle bekannten Kuppeln wie Welthalbkugeln aussahen, gab Bähr seiner Kuppel die Form einer gewaltigen Glocke: monumental und zierlich zugleich. Das Heikelste aber war, daß das mächtige Bauwerk im Schwemmsand des Dresdener Untergrunds gar keinen sicheren Halt hatte. Dennoch blieb es stehen – bis zum 15. Februar 1945.

Augusts Projekt einer von Grund auf barock gestalteten Welt ging allerdings weit über Dresden hinaus. Er hatte vor, die Stadt mit einem Kranz von Schlössern zu umgeben, die jeweils einem Planeten oder Sternbild zugeordnet waren. Es war die Vision eines architektonischen Abbilds des erdnahen Kosmos, mit Dresden als Sonne im Zentrum. Der Elbe war dabei die Rolle eines sächsischen „Canal Grande" zugedacht: Spiegel der Pracht an ihren Ufern und strömende Schloßstraße in einem. August schwebte jedoch keine platte Kopie Venedigs vor, das ihn stark beeindruckt hatte. Dem gemächlich dahintreibenden Betrachter sollte sich vom Fluß aus vielmehr ein lockeres Wechselspiel von Park- und Schloßkulissen bieten.

Die Pläne Augusts des Starken übertrafen bei weitem die Möglichkeiten seiner strapazierten Staatskasse. Bei seinem Tod bestand der sächsische Sternenhimmel aus Diana, der das Jagdschloß Moritzburg geweiht war. Und Venus, in deren Zeichen das japanisch inspirierte Schloß Pillnitz stand. Dazu kamen noch einige kleinere Monde wie Schloß Seußlitz nördlich von Meißen. Wie August sich seinen Canal Grande vorgestellt haben könnte, davon vermittelt heute nur noch Pillnitz eine Ahnung.

Auf dem Weg nach Pillnitz lege ich Zwischenstation im Stadtteil Laubegast ein. Hinter einem ankergeschmückten Werkstor liegt die Reparaturwerft der „Weißen Flotte", der letzten Dampferflotte Europas. Ich muß lange suchen, bis ich einen Beschäftigten finde. „Ich wollte gerade Feierabend machen", sagt der Mann, ein leitender Ingenieur, „wir haben Kurzarbeit." Dennoch nimmt er sich Zeit, mich über das Werftgelände zu führen. Auf der Slipanlage liegen die schlanken weißen Körper von drei großen Raddampfern nebeneinander. „Das ist die „Karl Marx", sagt er, „die wird demnächst wieder „Pöppelmann" heißen. Drüben liegt die „Leipzig", und vor uns die „Dresden", 1929 hier auf der Werft gebaut. Sie sehen, wie flach der Boden ist – diese Dampfer fahren im Sommer noch bei achtzig, siebzig Zentimeter Wassertiefe. Hin und wieder wird dabei eine Schaufel ramponiert, dann wird kurz geankert, und innerhalb einer Stunde hat der Maschinist sie ausgewechselt. Das älteste Schiff der „Weißen Flotte" ist von 1879. Aber nur die etwas jüngere „Diesbar" hat die ursprüngliche Form bewahrt: ganz flach, ohne Oberdeck. Im letzten Sommer hat sie das meiste Geld verdient. Auf der Kurbelwelle der „Diesbar" steht: „Kruppstahl, 1853, zehn Jahre Garantie". Und mit der Kurbelwelle fährt sie heute noch."

Wir gehen die Schienen der Slipanlage entlang hinunter zur Elbe, wo der Bagger einer Duisburger Firma dabei ist, das Flußbett im Werftbereich zu vertiefen. Eine Erinnerung bringt meinen Begleiter zum Schmunzeln. „Heute kann man ja darüber sprechen", lacht er. „Früher war das ein Staatsgeheimnis. Sie kennen doch diesen Kim Il Sung von Nordkorea? Der ist einmal als Staatsgast auf einem von unseren alten Dampfer gefahren. Er hatte seine eigenen Taucher dabei, die mußten vorausschwimmen. Am Ufer der Elbe bewegten sich auf der ganzen Strecke Spaziergänger, die gar keine Spaziergänger waren. An den Felsen im Sandsteingebirge hingen Bergsteiger, die gar keine Bergsteiger waren. Nur Kim Il Sung war echt mit seinem Attaché, der ihm während der ganzen Fahrt ei-

Im barocken Jagdschloß Moritzburg kündet eine gewaltige Trophäensammlung von der Jagdleidenschaft Augusts des Starken.

nen Sessel hinterhertragen mußte. Und nach der Fahrt war Kim Il Sung begeistert wie ein Kind und wollte den ganzen Dampfer geschenkt haben. Das ließ sich natürlich beim besten politischen Willen nicht machen.
Eine Woche später treffen hier acht koreanische Spezialisten ein, borgen sich von uns Zollstock und Bleistift, laufen 14 Tage lang hier auf der Werft um einen Dampfer herum und vermessen ihn Schraube für Schraube samt der kompletten Slipanlage – nur die Pläne für die Dampfmaschine, die sind plötzlich verschwunden – und ein Jahr später liegt in Pjön Jang exakt das gleiche Schiff wie dieses hier unter dem Namen „Pjön Jang I“ – aber bis heute haben wir nicht herausgefunden, welchen Antrieb es hat, Diesel oder Dampf.“
So wird meine Befürchtung zerstreut, daß in Dresden allein die Jünger Augusts des Starken gute Geschichten zu bieten haben.
Schloß Pillnitz spiegelt sich mitsamt der Weinberge ringsum tatsächlich in der Elbe wie die Paläste Venedigs in den Kanälen. Eine nach außen geschwungene Treppe führt vom Schloß bis in den Fluß hinein, der schwer und dunkel in einem langgezogenen Bogen daran vorbeiströmt. Hier legten einst die Gondeln an, jede von einer Mannschaft livrierter Ruderer bewegt, wenn die Hofge-

Die Schifferkirche „Maria am Wasser" bei Hosterwitz. Der Komponist Carl Maria von Weber liebte es, den Sommer in Hosterwitz zu verbringen.

sellschaft aus Dresden kam, um der Venus von Pillnitz zu huldigen. Eine dieser Prachtgondeln ist heute im Schloßpark aufgestellt. Unweit des Schlosses steht am Ufer die Schifferkirche von Hosterwitz. Interessanter als die Kirche selbst sind die Lebensläufe auf den barocken Grabsteinen des kleinen Kirchhofs. An einer Grabsäule steht unter dem Bild eines Knaben, der seine Lebensfackel weinend ins Wasser eines umgestürzten Kruges taucht:

„Herr Christoph Ferdinand von Brandenstein,
churfürstlich sächsischer Silberpage,
am 26. April 1770 geboren
badend ertrank er im Elbstrome
Pillnitz, am 4. September 1788."

Es muß ein schöner, warmer Tag gewesen sein, der 4. September 1788.

Meißen:
Der wilde Osten

Kein Kulissenarchitekt eines Fantasyfilms hätte eine Burg wirkungsvoller auf einen Felsen über einen Fluß plazieren können, als es die Baumeister der Meißener Albrechtsburg getan haben. Die Burganlage, die den kleinsten der gotischen Dome Deutschlands umschließt, erhebt sich auf dem Plateau eines Granitfelsens unmittelbar über der Elbe. Vollends unwirklich erscheint die Albrechtsburg des Nachts, wenn sie von Scheinwerfern angestrahlt wird.

Eben diesen Granitfelsen befestigte Kaiser Heinrich I. im Jahre 929 mit einer Burg – als deutschen Brückenkopf an der Elbe. Denn seit rund 400 Jahren war die Elbe ein slawischer Fluß, und Labe hieß sie von der Quelle bis zur Mündung. Zwar hatten um die Zeitenwende germanische Hermunduren östlich der Elbe gelebt. Im Zuge der Völkerwanderung jedoch waren sie nach Westen weitergezogen. Slawische Stämme nehmen daraufhin das menschenleere Land in Besitz.

Die politisch schwach organisierten Slawen galten als unzuverlässige Nachbarn. Böhmen, Polen, Dänen und Deutsche versuchten gleichzeitig, aber von verschiedenen Seiten, ihr Herrschaftsgebiet auf sie auszudehnen. Die Deutschen wurden in ihrem Machtstreben durch ein konkretes Motiv bestärkt: Die Slawen waren Heiden – und damit in christlichen Augen rechtlos. Sie glaubten an ihren eigenen weißen Gott, den guten Bilebok, und dessen schwarzen, bösen Gegenspieler Černebok. Den weißen Gott verehrten sie auf Bergkuppen und in heiligen Hainen. Entlang der Elbe wurde vornehmlich dem Radegast gehuldigt, einem legendären Kriegshelden, der göttliche Verehrung genoß. Ortsnamen wie Radebeul, Radeberg und Radeburg zeugen noch von diesem Kult. Im linkselbischen Wendland gibt es sogar einen Ort, der schlicht und unverändert Radegast heißt.

Die Missionsabsicht rechtfertigte die deutsche Expansion. Es war eine Mission mit dem Schwert und unter Androhung der Todesstrafe – nicht anders, als man es zum Beispiel von der spanischen Eroberung Amerikas her kennt. Christliche Kirchen wurden mit Vorliebe in die heiligen Haine der Slawen gesetzt. Es kam zu Aufständen, Überfällen, Gegenschlägen und zahllosen Grausamkeiten auf beiden Seiten. Am Unterlauf der Elbe triumphierten nach Kaiser Ottos Tod im Jahr 983 Slawen und Heidentum für weitere 150 Jahre.

Die deutsche Grenz- und Pionierstadt Meißen jedoch blühte auf. Der slawische Widerstand war hier schwächer als im Norden. Um das Jahr 1000 herum war Meißen zum bedeutendsten Handelsplatz an der Elbe nach Hamburg und Magdeburg aufgestiegen. Die Burg auf dem Granitfelsen wurde von einem Markgrafen bezogen, der seine Herrschaft mit Hilfe tributpflichtiger slawischer Fürsten nach Osten ausdehnen konnte.

Doch dieser Osten war ein Urwald, von Mooren und Sümpfen unterbrochen, äußerst dünn besiedelt und kaum zu kontrollieren. Markgrafen und Fürsten riefen deshalb Siedler ins Land, die auch in hellen Scharen kamen – aus dem mit 16 Millionen Einwohnern relativ dicht bevölkerten Deutschen Reich. Zwischen dem 12. und dem 14. Jahrhundert

Seite 98/99: Meißen ist die älteste deutsche Stadt an der Elbe. Weithin sichtbar ragen die Albrechtsburg und der Dom über Stadt und Strom auf.

gründeten rund 500 000 Deutsche im slawischen Gebiet Dörfer und Städte.
Diese zweite Besiedlungswelle scheint wesentlich friedlicher verlaufen zu sein als die erste. Bürgerliche und adelige Lokutoren organisierten den Treck ostwärts: Sie warben Siedler an, begleiteten den Zug und verteilten das neue Land. Zum Lohn erhielten sie die doppelte Ackerfläche und das Erbrichteramt, oft in Verbindung mit Schank- und Schachtrecht. Auf diese Lokutoren ging daher oft der slawische Name für Gastwirt, Kretzschmar, über. Und „Erbgericht" heißen heute noch viele Gaststätten in der Dresdener Gegend.
Die Slawen nahmen jetzt das Christentum an – galten aber noch lange Zeit als unsichere Kandidaten, als „halbe Christen". Die Altchristen mißtrauten den Frischbekehrten, wie so oft in der Geschichte. Ihre Integration in das von Deutschen beherrschte Kultur- und Wirtschaftsleben bezahlten sie mit religiöser, kultureller und sprachlicher Anpassung: Im 15. Jahrhundert erlischt der Gebrauch der slawischen Sprache im mitteldeutschen Raum. Nur im linkselbischen Wendland erhält er sich noch bis ins 18. Jahrhundert.
Die alte Stadt Meißen liegt arg beengt zwischen Felsen und Fluß. Der Marktplatz ist klein, das Marktgewühl groß. In der Absicht, mir das Gedränge der Menschen und roten Dächer von oben anzuschauen, bitte ich den Küster der Frauenkirche um den Turmschlüssel. Den Schlüssel bekomme ich nicht, dafür begleitet mich der Küster persönlich hinauf. Im Halbdunkel über dem Glockenstuhl stoße ich auf einen geflochtenen Korb – und entdecke eine Winde gegenüber einer Luke in der Turmwand: Requisiten, die zur Grundausstattung einer Türmerwohnung gehören. Tatsächlich öffnet mir der Küster in einem noch höher gelegenen Stockwerk zwei Türen. Die erste führt in eine enge, gekalkte Kammer, gerade groß genug für Tisch und Stühle, der sich eine noch engere gekalkte Kammer anschließt – Wohn- und Schlafzimmer vermutlich. Die zweite führt in eine Küche, die zwischen Spülstein und Feuerstelle ausreichend Platz für eine Körperdrehung bietet.
„Der vorletzte Türmer hatte sieben Kinder", sagt der Küster in routinierter Erwartung ungläubigen Staunens. Es werden nicht alle ständig hier oben gelebt haben, denke ich, sonst hätte der Mann unmöglich seinen Pflichten nachkommen können. Pflichten, deren Erfüllung für die Stadt von existenzieller Bedeutung war, für den Türmer aber unvorstellbare Strapazen bedeuteten: Er mußte die Turmuhr in Gang halten, die Morgen- und Abendglocken läuten, er mußte stündlich den Turmkranz auf einem schmalen Balkon umrunden und nach Feuer Ausschau halten, so daß er weder Tag noch Nacht, weder sommers noch winters zur Ruhe kam; und hatte er ein Feuer erspäht, so mußte er die Stadtwächter im Rathaus unten über ein Sprachrohr benachrichtigen, welche dann ihrerseits die Feuerwehr alarmierten, die sich anhand der roten Fahne am Turm erst einmal über die Richtung informierte, in die sie ausrücken mußte. Des Nachts schwenkte der Türmer statt der Fahne die rote Laterne, und wenn der Brand an Umfang gewann, dann hängte er sich an den Glockenstrang und stürmte. Im Jahre 1875 bewilligte der Stadtrat seinem Türmer an jedem neunten Sonntag einen Urlaubstag. In den 400 Jahren zu-

Von schauerlicher Eindringlichkeit ist die Folterkammer im Keller der Weinstube, eingerichtet mit dem Inventar des ehemaligen Stadtgefängnisses.

vor ist ein Türmer praktisch lebenslang Gefangener seines Turms gewesen. Es sei denn, es gab eine Hochzeit.

In den Anfangszeiten des Türmerwesens nämlich wurde nur der als Türmer zugelassen, der angenehm auf Flöte oder Trompete zu blasen verstand – zu allem Überfluß gehörte es zu seinen Pflichten, bei Hochzeiten in der Stadt aufzuspielen. Und da das Türmergehalt erbärmlich niedrig war – vielleicht aus der richtigen Überlegung heraus, daß ein Türmer ohnehin keine Zeit findet, Geld auszugeben – versuchte jeder Türmer, auf möglichst vielen Hochzeiten zu spielen. Mit dem Ergebnis, daß die Meißener Gerichtsakten vergangener Jahrhunderte voll sind von Prozessen des Türmers gegen seine lästigsten Konkurrenten, die Stadtgeiger.

Ein Türmerleben war demnach alles andere als romantisch. „Und wo“, frage ich den Küster beim Abstieg, „ging der Türmer mit seinen sieben Kindern hin, wenn er mal mußte?“ „Es soll ein Bottich hier im Glockenstuhl gehangen haben“, antwortet der Küster, „der wurde einmal in der Woche mit Hilfe der

Im alten Gästehaus der Tuchmacherinnung von 1523 befindet sich die berühmte Vincenz Richtersche Weinstube.

Winde am Turm herabgelassen und entsorgt."

1910 dankte der letzte Meißener Türmer ab. Es scheint, als zöge sich die Küstersfrau heute gelegentlich zu einer Mußestunde ins Türmergemach zurück. Die Schale mit den Plätzchen auf dem Wohnzimmertisch könnte ein Indiz dafür sein.

Meißen stimuliert zu Ausflügen in die Vergangenheit. Im Leseraum des Stadtarchivs kann ich ungestört in einem kleinformatigen, gleichwohl voluminösen Bändchen blättern, dem „Geschicht- und Zeitbüchlein der weltberühmten Stadt Meissen" von 1588. Da wird, in tanzenden Druckbuchstaben und ohne Punkt und Komma, von der Einsetzung des ersten Türmers anno 1547 berichtet, „darzu dieser Zeit gutte Musici und Instrumentisten gebrauchet werden". Da heißt es 1429, es hätten die „Hussiten aus Boehmen in Weynacht Feyertag/die Vorstaedte und die Kirch zu St. Nicklas zu Meissen abgebrannt/und das ganze Land verwuestet". 300 Jahre zuvor habe der Sohn des Herzogs von Polen die Stadt belagert und zwei Türme angezündet, „welche die Weiber in Eil und in Mangel an Wasser mit Met geloescht". Ein Hochwasser der Elbe hat den Angreifer dann vertrieben und die Stadt „wunderlich errettet".

Weiter, in einer unterhaltsamen Mischung aus großen und kleinen Ereignissen, wird der Tod eines frauenfeindlichen Mönchs aus dem St. Afra-Kloster gemeldet:

„Anno 1505/Als ein Moench von S. Affran das Pfarampt in der Stadt mit verwehset/ist er dem Weiblichen Geschlecht sehr Feind gewesen/wann er ein Toechterlein hat teuffen sollen/hat er allzeit gesagt/Geteufft und flugs erseufft/diesen hat Gott also gestraft/das er einmal auff der Elbbruecken gestanden/an einer stangen lehnend sich umbzusehen/aus unvorsichtigkeit/weil die stang abgebrochen/in die Elbe gefallen/und also noch einmal selbst/was er den Toechterlein gewuenschet/geteufft und erseufft wurde".

Stundenlang ließe sich so weiterlesen von endlosen Heimsuchungen der Stadt durch Feuer und Wasser und die Mordlust der Feinde – doch nachmittags um vier bringe ich das Buch zurück ins Archiv. Denn dies ist die Zeit, in der die Weinstube von Vincenz Richter ihre Türen öffnet. Und wer zu spät zu Vincenz Richter kommt, der ist insofern gestraft, als er sämtliche Tische besetzt finden wird. Weinstube – das darf man wörtlich nehmen, seit der Meißener Wein wieder fließt. Zwar ist die Richtersche Weinschenke im alten Gästehaus der Tuchmacherinnung von 1523 auch in den Zeiten des Sozialismus das schönste Gasthaus im weiten Umkreis gewesen. Das Vincenz-Richter-Kontingent an Meißener Weinen aber betrug damals ganze 20 Flaschen im Monat – und vom zweiten Tag jeden Monats an wurde auch hier ein ungenießbarer Tropfen aus den südlichen Bruderländern serviert. Zu jener Zeit beruhte der DDR-weite Ruf dieses Weinhauses einzig auf seiner Innenausstattung. Denn Vincenz Richter ist ein genialer Sammler gewesen.

1873 kam er aus Ústi an der Elbe nach Meißen, ein Oberst der kaiserlichen Armee mit einer Vorliebe für Wein – und altes Gerümpel. Überall in Meißen und Umgebung, wo etwas abgewrackt, verschrottet oder weggeworfen werden sollte, tauchte Richter mit seinem gewaltigen Schnauzbart auf und gebot Einhalt. Das Ergebnis war eine Sammlung von Armbrüsten, Spießen, Schießprügeln, Morgensternen, Streitäxten, Jagdhörnern und Schiffssprachrohren, die sich nach und nach über alle Wände der Gaststube ausgebreitet haben.

Ein Höhepunkt von schauerlicher Eindringlichkeit ist die Folterkammer im Keller. Als das Inventar des Stadtgefängnisses oben in der Albrechtsburg nach Jahrhunderten kontinuierlichen Gebrauchs eingeschmolzen werden sollte, weil die Rechtspflege nach 1848 endlich andere Ziele verfolgte als Menschen qualvoll wegzuschließen, da kaufte Richter den ganzen Schrott auf: Eisenketten mit schweren Hand- und Fußschellen, Fingerbrecher, Armbrecher, Richtbeile und tragbare Pranger für streitsüchtige Weiber, die, durch eine Eisenkonstruktion miteinander verbunden, so in erzwungener Einigkeit auf dem Markt zur Schau gestellt werden konnten. Wer heute glaubt, seine Weinseligkeit durch eine Gänsehaut noch steigern zu müssen, der kann sich am späten Abend der Gruppe von Gästen anschließen, die im Folterkeller bei Kerzenlicht die Wirkungsweise der Armbrecher studiert.

Das Mobiliar der Gaststube übrigens, in der man heute den Meißener Wein in großer Auswahl und in unbegrenzten Mengen trinken kann, ist aus dem Holz der alten Schiffmühle gemacht, die 1886 vom Fluß geholt worden war. Für das Gerücht allerdings, daß Stühle und Tische bei Vincenz Richter in klaren Vollmondnächten leise klappern, ist der letzte Beweis noch nicht erbracht.

Wahrscheinlich ist der Meißener Weinbau so alt wie die Stadt. In seinen besten Zeiten zu Beginn des 17. Jahrhunderts wurde der hiesige Wein in Hamburg und Schweden und Rußland getrunken. Seither ist das Anbaugebiet stark geschrumpft. Von seiner landschaftlichen Schönheit aber hat es nichts verloren.

Das Elbtal hinter Meißen ist reich an Abwechslung. Mal treten die Hänge dicht an den Fluß heran, bis sich der nackte rotgelbe Fels alter Steinbrüche und die Terrassen der Weinberge dazwischen im Elbwasser spiegeln, mal schaffen breite Uferwiesen Raum für kleine Dörfer, in denen enge, holprige Stichstraßen hinunterführen zum Fluß, wo kleine Fähren warten. Besänftigend und lieblich ist dieses Land, Pappelreihen und Buschgruppen folgen den behäbigen Windungen des Flusses, und in den Gärten am Ufer wechseln sich Anker und Weinfaß als Zierwerk ab.

Die Ortschaft Diesbar-Seußlitz mit ihren Weingütern und Weinstuben ist das Herz des nördlichsten Weinbaugebiets Deutschlands. Nicht selten bedrohen Märzfröste hier die Weinausbeute eines Jahres – und es kommt vor, daß Winzer ihre Häuser ausräumen, Teppiche, Decken, Gardinen und Kissen in die Weinberge tragen und ihren Weinstökken überwerfen und Reben mit Toilettenpapier umwickeln, nur um sie vor dem schlimmsten Nachtfrost zu bewahren.

Was dieserart oft umständlich und liebevoll gerettet wurde, ist für die meisten Bürger der DDR ein Wein zum Anschauen, nicht zum Trinken gewesen. Getrunken wurde er von Politikern und Staatsgästen der DDR – und Kunden im westlichen Ausland. Ganz neu ist diese Praxis nicht gewesen. Auch August der Starke hatte sich stets die besten Lagen für den sächsischen Hof in Dresden reserviert.

Mühlberg: Die Spanier an der Elbe

Fest in der Uferböschung verankert, beschreibt ein flach in den Fluß laufendes, gespanntes Stahlseil langsam über den Ufersand schabend einen Winkel von etwa zehn Grad, verharrt für mehrere Minuten und bewegt sich dann wieder im Zeitlupentempo zurück in die Ausgangsposition. Gelbe Bojen halten das Seil über Wasser. Nach etwa 250 Metern teilt es sich und läuft in zwei Enden aus. Das eine Ende ist am Heck, das andere Ende am Bug der großen Gierfähre von Mühlberg befestigt, die eben geräuschlos in unmerklicher Fahrt dem diesseitigen Ufer zusteuert.

Ist es die zwanzigste, die dreißigste Elbefähre seit Ústi, wo meiner Beobachtung nach die erste verkehrte? Fast alle sind jedenfalls Gierfähren gewesen – keine großen wie die Mühlberger, die mehrere Fahrzeuge gleichzeitig übersetzen kann, sondern bescheidene, kastenförmige Boote für den Personenverkehr.

Gieren heißt drücken. Und damit ist schon alles über den Antrieb einer Gierfähre gesagt. Die Arbeit des Fährmanns besteht darin, sich vor dem Ablegen an zwei Winden zu betätigen. Über die hintere läßt er das eine der beiden Seilenden ein Stück weit auslaufen, mit der vorderen zieht er das andere genausoweit ein. Dadurch fällt das Heck gegenüber dem Bug zurück, die Strömung wird am Bootskörper nach hinten abgedrängt und drückt die Fähre vorwärts – ganz ohne Motor, ohne Diesel, ohne Qualm.

Seite 106/107: Eine der zahlreichen Gierfähren auf der Elbe, oft über viele Kilometer die einzige Verbindung zwischen den Ufern.

Heute kann man sich kaum noch vorstellen, welchen Fortschritt die Einführung der Gierfähren in den siebziger Jahren des letzten Jahrhunderts bedeutete. Bis dahin wurden Fähren durch Rudern und Staken bewegt, und je nach Strömung konnte es dreißig, vierzig Minuten dauern, bis man das andere Ufer erreichte. Klagen über Fährleute gehören zum Standardrepertoire der Reiseliteratur vergangener Jahrhunderte. Entweder kassierten sie für die Überfahrt Phantasiepreise oder sie verpflichteten die Passagiere gegen ihren Willen als Bootsknechte oder beides – und nicht selten gingen die Reisenden nach strapaziösen Manövern pudelnaß und zu Tode erschöpft weit unterhalb der Stelle an Land, an der ihre Straße verlief.

Aber der Fährmann hat, damals wie heute, ein Monopol. Wie wertvoll seine Dienste sind, bemerkt man schnell, wenn er erst nach einer geschlagenen Stunde von seiner Mittagspause aus dem Fährhaus zurückkommt. Oder mit seinem Kahn am anderen Ufer liegt und keine Anstalten macht, herüberzukommen – weil er, wie man nach zehn Minuten erkennt, die Durchfahrt eines Schubschiffs abwartet – Gierfähren müssen bei Schiffsverkehr an dem Ufer liegen, an dem das Seil befestigt ist. Nimmt die Fähre ihren Betrieb wieder auf, dauert die Überfahrt keine fünf Minuten.

„Vom Genuß einer Überfahrt her", sagt der Mühlberger Fährmann, nachdem er den richtigen Winkel zur Strömung eingestellt hat, „ist eine Gierfähre unübertroffen. Kein Knattern, kein Mief, und fünf Minuten lang spürt man mal den Fluß unter den Füßen."

Ob es etwas Besonderes an Mühlberg gebe, möchte ich wissen. „Na, in Mühlberg haben

Am 24. April 1547 wurden im Schmalkaldischen Konfessionskrieg die Protestanten bei Mühlberg von der Streitmacht Kaiser Karls V. geschlagen.

sie doch die Nazis umgebracht", raunzt er. „Verhungern lassen." Bevor ich weiterfragen kann, sind wir schon drüben.

Ländliche Idylle. Säugende Kälber, eine Obstbaumallee, ein krummer Fahrdamm aus rotem Granitpflaster, breit genug für ein Fuhrwerk. Die Schornsteine einer Zuckerfabrik am geraden Horizont. Kopfweidengesäumte Gräben laufen kreuz und quer durch die Uferauen. Zum ersten Mal tritt das Deichsystem in Erscheinung, in dessen Schutz die Straße verläuft. Und unversehens bin ich in Mühlberg.

Die Stadt Mühlberg beginnt unvermittelt, zieht sich in Form von niedrigen Häuserzeilen zu den Seiten ihrer breiten, staubigen Dorfstraßen ohne erkennbare Höhepunkte dahin wie ein ausgewalzter Marktflecken und hört genauso unvermittelt wieder auf. Verrostete Wasserpumpen prägen das Straßenbild.

„Himmelreich", erklärt mir die junge Frau vom Rathaus, in deren Ressort die Mühlberger Öffentlichkeitsarbeit fällt, „ist der Name jener Straße, in der die Pestkranken eingemauert wurden, als man sich anders der Seuche nicht mehr zu erwehren wußte."

Wir unternehmen einen Spaziergang zu den Sehenswürdigkeiten der Stadt: einer barokken Apotheke, 1673 gegründet, einem undramatischen Heimatmuseum mit Fischereiutensilien und einer hohen, schlanken Zisterzienserkirche aus leuchtend roten Ziegeln. Zum Abschied zeigt sie mir den Weg zum ehemaligen Fischerdörfchen. „Dort haben auch die Bomätscher gewohnt", ruft sie mir hinterher.

Die Bomätscher. Das Wort kommt, wie könnte es anders sein, aus dem Slawischen und heißt soviel wie „Helfer". An anderen Flüssen nannte man sie Treidelknechte oder Schiffszieher.

Die Hütten der Bomätscher standen draußen vor der Stadt, dem Fluß am nächsten. Anständige Bürger wollten mit ihnen so wenig wie möglich zu tun haben. Ein Bomätscher war an der derben Lederhose, dem Höckerbuckel, der Brandweinnase und den gotteslästerlichsten Flüchen an der ganzen Elbe zu erkennen. Ein Kinderschreck. Ungeschlacht, streitsüchtig. Ein Bürgerschreck.

Hatten sie nichts zu tun, räuberten sie ungeniert mit dem Wurfspieß in den Forellenteichen und zapften sich ihre Milch auf der Weide, unbekümmert um den Besitzer des Euters. Zwischendurch hockten sie stundenlang am Ufer und hielten Ausschau.

Dieses Ufer hatte nichts mit dem aufgeräumten, mehr oder weniger geradlinig verlaufenden Ufer der heutigen Elbe zu tun. Es war eine verwilderte Zwischenwelt, nicht Fluß und nicht Land, durch Buchten und Geröll, Dornengestrüpp und Baumstämme fast unbegehbar. Nur der schmale Trampelpfad der Bomätscher zwängte sich am äußersten Uferrand an allen Hindernissen vorbei.

Zeigte sich dann ein stromauffahrendes Schiff an der Grenze ihres Reviers, warf der Anführer die Treidelleine wie ein Lasso hinüber zum Kahn, wo sie oben am Mast befestigt wurde. Jeder der fünf oder sechs Bomätscher legte sich das Seil als Schlinge um die Brust, und dann stampfte die Gruppe im Takt ihrer langen Holzknüppel los. Auf einem Kupferstich von 1812 ist sogar eine Frau bei dieser barbarischen Arbeit zu sehen, die die Flußschiffahrt mit sich brachte.

Vor dem Aufkommen der Dampfschiffahrt war das Fahren gegen den Strom in jedem Fall eine umständliche, oft qualvolle Sache. Bei günstigem Wind konnte man streckenweise etwas mit dem Segel ausrichten. Gab es aber weder Bomätscher noch Wind, blieb der Mannschaft nichts anderes übrig als den Anker ins Beiboot zu verfrachten und ihn flußaufwärts, so weit die Ankerleine reichte, auf Grund zu lassen. Die Schiffsknechte zogen sich dann, gegen die Planken gestemmt, am Ankertau bergauf, bis der Anker erreicht war. Und so konnte es tagelang, wochenlang gehen.

Die ersten Dampfschiffe auf der Elbe wurden von den Bomätschern mit einem Steinhagel begrüßt. Viele machten sich daran, die Leinpfade zu verbessern, zu roden und zu verbreitern in dem verzweifelten Versuch, konkurrenzfähig zu bleiben. Da sich das Schiffsaufkommen bis 1870 gegenüber dem Beginn des Jahrhunderts vervierfachte, fand mancher Bomätscher später Arbeit an Bord der verhaßten Dampfschiffe.

Der ehemalige Hafen von Mühlberg ist nur noch ein toter Flußarm vor den Toren der Stadt. Knäuel rostroter Drahtseile und schwere Eisenringe im Ufergestrüpp sind als einzige der großen Verschrottung von 1969 entgangen. Von einem Kiessee draußen in den Auwiesen schallt das Kreischen eines

Baggers herüber. Der Kies von Mühlberg war republikweit berühmt – auf dem gesamten Gebiet der ehemaligen DDR findet man ihn in den grauen Platten der Neubausiedlungen wieder. Am Rande des Hafenbeckens liegt ein abgeschliffener Felsbrocken wie zufällig im Gras. Nur wer genau hinschaut, nimmt eine mattschimmernde Inschrift wahr: „Hier zeltete Kurfürst Johann Ferdinand von Sachsen vor der Schlacht bei Mühlberg, 24. 4. 1547". Und da dämmert es mir: Dies ist das Mühlberg Karls V. Das Mühlberg Tizians. Das Mühlberg der Schlacht bei Mühlberg!

Eines der bekanntesten Gemälde Tizians im Prado zu Madrid zeigt Kaiser Karl V. in der Schlacht bei Mühlberg auf einem dunkelbraunen spanischen Roß in goldblitzender Rüstung, unter sich eine rote Samtdecke mit goldenen Fransen, auf dem Kopf eine deutsche Eisenhaube, in der Hand einen kurzen Speer, einem Bratspieß ähnlicher als einer Waffe. Im Hintergrund eine Auenlandschaft mit Buschwerk. Auf dem Gesicht des Kaisers liegt heitere Zuversicht. Kein Zweifel – hier reitet ein Friedensfürst. Von einer Schlacht ist weit und breit nichts zu sehen.

Und eigentlich kann man das, was sich am 24. April des Jahres 1547 bei Mühlberg zugetragen hat, auch kaum eine Schlacht nennen. Bestenfalls ein Scharmützel. Und doch war der Kaiser hinterher überzeugt, dem Lauf der Welt eine neue Richtung gegeben zu haben. Ein Heer aus spanischen Schützen, italienischen Leichtberittenen, neapolitanischen Kürassieren, böhmischen und deutschen Rittern, in ihrer Mitte der Kaiser selbst mit seinem Hofgesinde und der Garde, lagert am Abend des 23. April bei dem Dorf Schirmenitz an der Elbe – die katholische Streitmacht im Schmalkaldischen Konfessionskrieg, zusammen mehr als 30 000 Mann. Es ist das erste Mal, daß italienische Regimenter die Elbe erblicken, seit der römische Feldherr Drusus im Jahr 9 v. Chr. bis an die Elbe vorgestoßen war. Die größten Probleme in dieser friedlichen Nacht haben die spanischen Chronisten mit dem unaussprechlichen Wort „Schirmenitz" – in welch barbarische Region sind sie geraten! Ihr Kaiser hat wohl recht mit seiner Bemerkung, Deutsch könne man guten Gewissens nur mit dem Vieh sprechen. Da melden Kundschafter die Entdeckung des feindlichen Heeres in der befestigten Stadt Mühlberg am anderen Ufer.

Die Protestanten unter Führung des sächsischen Kurfürsten sind in vorzüglicher Position, verschanzt hinter einem breiten und tiefen Fluß, geschützt von Dämmen und Stadtmauern. Ihr einziger Nachteil: Nur etwa 1000 Reiter und 10 000 Mann Fußvolk können sie aufbieten, dazu 21 Geschütze. Der Kaiser beschließt, am nächsten Morgen anzugreifen.

Tags darauf herrscht dichter Nebel – ein Zeichen des Himmels! Im Schutze des Nebels dringen die Kaiserlichen mit ihren Kanonen ungesehen bis ans Ufer vor. Ein Bauer, der den Protestanten die Entführung seiner zwei Pferde verübelt, zeigt ihnen die Furt. Es stellt sich heraus, daß die mitgeführte Schiffsbrükke nur bis zur Hälfte des Flußes reicht – also bleibt einzig der Weg durchs Wasser.

Gegen zehn Uhr verzieht sich der Nebel. Als erste stürzen sich die spanischen Hakenbüchsenschützen in den Fluß. Ungeachtet des heftigen Feuers, das sofort einsetzt, zeigt sich Karl V. jetzt am Ufer, und unter den Augen des Kaisers entfalten die Spanier eine „wahrhaft glänzende Bravour". Viele versu-

chen erst gar nicht, die Furt zu erreichen, sondern durchschwimmen die Elbe mit dem Säbel im Mund.
Im Lager des Kurfürsten herrscht Verwirrung. Während ein Teil seiner Leute weiterhin die Ufer beschießt, werden die Zelte zusammengerollt, die Geschütze zum Abtransport aufgestellt, ziehen Hellebardiere und Reiterei sich bereits aus der Stadt zurück. Die Kaiserlichen setzen nun mit dem gesamten Heer über, das gegnerische Feuer wird schwächer, zuletzt reitet der Kaiser, bis zu der samtenen, roten Satteldecke im Wasser, durch die Furt – neben ihm watet der Bauer, der am anderen Ufer mit zwei Pferden und hundert Talern Belohnung entlassen wird.
Zerfahrenheit kennzeichnet weiterhin den Abzug der Protestanten. Sie haben versäumt, Schanzgräber vorzuschicken, um das Terrain zu ebnen. Jetzt stoßen sie fortwährend auf Zäune und Gräben, die zu weiten Umwegen zwingen. Zwischen protestantischer Nachhut und kaiserlicher Vorhut kommt es bereits zu den ersten Gefechten.
Da bricht der Kaiser ins Feldgeschrei aus: „Sankt Georg und das Reich! Sankt Jakob und Spanien!“ – und ist nicht mehr zu halten. „Wollen Sie, daß ich bei den Weibern und dem Gepäck bleibe?“ ruft er seinem General Alba zu. Die Verfolgung beginnt.
Vor einem rettenden Waldstück geht die protestantische Reiterei in kopflose Flucht über – und behindert so die eigenen Fußsoldaten an der Verteidigung. Die Kaiserlichen, zahlenmäßig weit überlegen, veranstalten ein Gemetzel. Nur wer ein gutes Lösegeld verspricht, wird verschont. Zweitausend Protestanten fallen, mancher verdankt seine Rettung nur dem Gestrüpp, den Sümpfen und der einbrechenden Dunkelheit. Von den Gefangenen kommen – so der Verdacht der Spanier – manche nur deshalb mit heiler Haut davon, weil sie von ihren deutschen Landsleuten im kaiserlichen Heer versteckt werden.
Allein im Wald zurück bleibt der Kurfürst – ein zu Bewegungslosigkeit verurteilter, in einen Brustpanzer eingeklemmter Fleischberg auf einem friesischen Kaltblüter. Er wird gefangengenommen. Zur Beute dieses Tages gehört des weiteren der kurfürstliche Silberwagen mit der Kriegskasse und der Kanzler samt Kanzlei – so daß man heute in den Archiven Karls V. sächsische Reformationsgeschichte studieren kann.
Der Kaiser ist außer Atem, aber begeistert. Umringt von spanischen, burgundischen und italienischen Edelleuten hat er mitten im Wald Halt gemacht und gratuliert seinen Neffen: „Ihr seid junge Menschen und waret schon in einer Schlacht. Ich bin ein alter Mann von 50 Jahren und habe noch keine andere mitgemacht als die von heute.“
Er hat es nicht bereut. Kein Buch hat Karl hinfort so oft und so gerne gelesen wie die Chronik dieses Tages. Seine Überzeugung, mit dieser Schlacht den Protestantismus aus der Welt geschafft zu haben, mußte der Kaiser jedoch bald korrigieren. Acht Jahre nach der Schlacht bei Mühlberg war er gezwungen, die Protestanten im Augsburger Religionsfrieden reichsrechtlich anzuerkennen.
Beim Verlassen des Stadtarchivs im düsteren Mühlberger Schloß fällt mir die Anspielung des Fährmanns wieder ein. Ich begebe mich zum Pfarrer.
„Sie wollen etwas über das Mühlberger Todeslager wissen?“ sagt die Frau, die mir öff-

net. „Dann sind Sie bei meinem Mann an der richtigen Adresse.“ Die nächsten Stunden verbringe ich als schweigender Zuhörer in seinem Arbeitszimmer.

„Den ganzen Zweiten Weltkrieg über hat in Mühlberg tiefer Frieden geherrscht. Das einzige, was uns an den Krieg erinnerte, war das Kriegsgefangenenlager Stalag B 4 außerhalb der Stadt, das größte im ganzen Reichsgebiet. Dort ging es relativ human zu – die meisten Gefangenen waren Franzosen und Amerikaner, die bei den Bauern arbeiteten und oft auf den Höfen schliefen. Nicht wenige haben sich hier verheiratet. Im Winter verdienten sich die Mühlberger Jungen ein paar Bananen, indem sie auf ihren Schlitten die Care-Pakete vom Bahnhof zum Lager fuhren.“

Erst als der Krieg zu Ende ist, bekommen die Mühlberger ihn zu spüren. Während die Amerikaner im Westen die Entnazifizierung einleiten, kommt es im Osten zu einer Verhaftungswelle. Die Festgenommenen verschwinden in den befreiten Nazilagern. Eins davon ist das Kriegsgefangenenlager Mühlberg. Menschen jeden Alters aus der halben DDR werden hier eingeliefert, so alle 38 Reichsgerichtsräte aus Leipzig, alte Herren, die nichts mit Freisler zu tun gehabt haben. Oder Jugendliche, die beim Spielen mit einer Pistole erwischt wurden. Es kommt zu Verhören – zu Verhandlungen kommt es nicht. Die 10 000 bis 12 000 Internierten werden von der Außenwelt hermetisch abgeriegelt. Offiziell wird die Existenz des Lagers geleugnet. Chef der Lagerselbstverwaltung wird der frühere Leiter eines Konzentrationslagers in Polen. Der teilt die Reichsgerichtsräte dem Jauchekommando zu. 34 von ihnen sterben.

Am Morgen gibt es einen halben Liter Malzkaffee, mittags dreiviertel Liter Wassersuppe. Toilettenpapier gibt es nicht. Alle drei Wochen kann geduscht werden, mit kaltem Wasser. Im harten Winter 46/47 geht der Brennstoff aus. Seuchen treten auf und verbreiten sich schnell. Bei Diphterie muß mit dem eigenen Urin gegurgelt werden. Die Toten werden vor dem Lager verscharrt, nachdem man ihnen die Kleider abgenommen hat. Niemand außerhalb des Lagers erfährt etwas von diesen Vorgängen.

Dann wird die Bewegungsfreiheit noch weiter eingeschränkt, Stacheldraht kreuz und quer durchs Lager gezogen, Stehenbleiben und Gruppenbildung verboten, Singen untersagt. Tausende Arbeitsfähiger werden in die Sowjetunion verschleppt.

Im Juli 1948 wird das Lager schlagartig aufgelöst. Der Kommandant hält folgende Rede: „Sie werden heute entlassen und sind von nun an frei und können gehen, wohin es beliebt... Sie sollen teilnehmen nützlich am Wiederaufbau Ihres Vaterlandes, Sie sollen sich fernhalten von der Politik des Schumachers und arbeiten für den Sozialismus. Sie sollen gut Freund werden der Sowjetunion.“

Von insgesamt 22 000 Internierten sind 7000 bis 8000 umgekommen.

Die Toten werden totgeschwiegen. Und die Überlebenden unter Schweigen begraben. Da es das Lager offiziell nie gab, werden keine Entschädigungen gezahlt.

„Bis 1989 habe nicht einmal ich etwas herausbekommen über diese Zeit, so groß war die Angst“, sagt der Pfarrer. „Das Lager wurde dann abgerissen und verwilderte. Heute steht es unter Naturschutz. Zu sehen ist, bis auf ein paar Bordsteinkanten, nichts mehr.“

Torgau: Fischer und Bärenschinken

Am 25. April 1945 notierte der sowjetische Kriegsberichterstatter Simjonow in sein Tagebuch: „Mit einem Schlage war der strikte Befehl vergessen, bis zur Aufnahme offizieller Kontakte in den Büschen hocken zu bleiben. Hunderte strömten an den Fluß. Das Ufer belebte sich, vielstimmige Hurrarufe ertönten, was das Programm der Begegnung schon gar nicht vorsah. Käppis und Mützen flogen in die Luft.... Auch am anderen Ufer wurde wie wild gewinkt und geschrien. Erst jetzt trat das für die Begegnung vorbereitete Zeremoniell in Kraft. Hübsche Nachrichtenmädchen, eigens ausgesucht, um Schönheit und Macht der sowjetischen Frauen zu repräsentieren, überreichten dem befreundeten Landungstrupp Sträuße von Faulbeerblüten, ein rotwangiger Leutnant der Aufklärung hielt eine vorbereitete Begrüßungsansprache auf Englisch, während mein Freund Alexander Ustinow... sogenannte historische Aufnahmen machte."

Und dann brach ein Fest aus am Ufer der Elbe, daß die Erde unter den Absätzen russischer und amerikanischer Soldatenstiefel erbebte. Das Armeeakordeon wanderte zwischen amerikanischen und russischen Händen hin und her, Wodkaflaschen stießen klirrend gegen Whiskeyflaschen, Trinksprüche auf Frieden und Freundschaft wurden unter der gesprengten Elbbrücke ausgebracht, und bis zum Abend zogen amerikanische und sowjetische Soldaten Arm in Arm singend durch die Straßen von Torgau.

Seite 114/115: Acht erwachsene kaukasische Braunbären und ihre Jungen leben im Schloßgraben von Hartenfels.

40 Jahre später erklärte der Gouverneur des US-Bundesstaates Illinois diesen Tag zum „Elbe-Day" – im Gedächtnis daran, daß Freundschaft zwischen Amerikanern und Russen möglich gewesen ist, für ein paar Tage, für ein paar Wochen.

Durch die Gunst der Stunde, ohne eigenes Verdienst, war Torgau in der Welt berühmt geworden. Man muß den Mantel der Weltgeschichte erst zurückschlagen, bevor die Stadt damit beginnt, ihre eigenen Geschichten zu erzählen.

Da ist zunächst, unübersehbar bereits von weitem, Schloß Hartenfels. Genauer muß man schon hinschauen, um die Bären im Schloßgraben zu bemerken. Acht hauptamtliche, erwachsene kaukasische Braunbären leben da unten und mehren sich redlich – mit 15 bis 17 Jungen muß die Bärenwärterin im Januar rechnen. „Wenn sie zur Welt kommen, sind sie nicht größer als eine Kohlroulade", sagt sie. Wir sitzen an ihrem Küchentisch unter dem Fenster, durch das sie die Tiere im Auge behalten kann. „Ab und zu muß ich einen Blick auf sie werfen, sonst geht es uns womöglich wie vor zwee Jahren. Da war plötzlich ein Theater auf der Schloßbrücke, die Kinder schrien, wir raus, aber – nichts mehr zu machen. Da hatte sich ein Zweijähriger in einen kleineren verbissen, die Zähne in den Weichteilen, und hat nicht wieder losgelassen. Wir haben Brot nach ihm geschmissen, die Feuerwehr kam und spritzte, es hat alles nichts genutzt. Der ging immer hoch und brüllte, wir trauten uns gar nicht mehr runter. Der war eine richtige Bestie. Ist dann ooch im Schlachthof gelandet."

Wieso auch?

„Na, von Torgau aus wird das Interhotel in

Leipzig doch regelmäßig mit Bärenschinken beliefert. Dann wird hier einer erschossen und geht ab in den Schlachthof. Ich will dann gar nicht dabei sein. Und als in Berlin die Siebenhundertfünfzigjahrfeier war, da haben wir auch vier Bären in die Hauptstadt geliefert, als Schinken und Gulasch. Weils doch das Wappentier ist."

So endet man also als Torgauer Schloßbär. Auch nicht viel anders als in den Jahren zwischen 1425 und 1762, als hier im Zwinger ständig 36 Bären als Nachschub für die höfisch Hatz gehalten wurden. Mit den Bären war es dann erst einmal vorbei, als das Schloß einen dramatischen sozialen Abstieg durchmachte: von der Kaserne zum Lazarett, vom Lazarett zum Irrenhaus. Erst 1953 tauchten die ersten Bären in Torgau wieder auf, im Rahmen der sozialistischen Traditionspflege.

In einer engen Gasse auf dem Weg zur Elbe fällt mir an einer Hauswand ein Emailleschild ins Auge. „Karl Sickert, Fischermeister". Ich lese das Schild dreimal. Dann schelle ich an der Haustür.

Mir öffnet ein Mann mittleren Alters, offenbar in Erregung. Unter Berufung auf das Emailleschild bitte ich ihn um Verständnis für meine Frage, ob es Karl Sickert wirklich gibt. „Bitte, kommen Sie herein", ist die Antwort, „ich komme eben vom Schloß, sie wollen uns die Gerechtsame nicht anerkennen." Im nächsten Augenblick sitze ich bereits auf dem Wohnzimmersofa.

„Welche Gerechtsame?"

„Die Fischereigerechtsame. Seit über 300 Jahren sind wir Fischer, und jetzt soll uns die Lizenz entzogen werden." Weitere Hausbewohner kommen hinzu, ein junger Mann, der im Hintergrund bleibt, und eine ältere Dame, die sich zu mir setzt.

„Aber was, um alles in der Welt, liegt Ihnen an der Fischereilizenz für einen der schmutzigsten Flüsse Europas?"

„Nun", schaltet sich die ältere Dame ein, „den letzten Elbfisch haben wir vor acht Tagen gegessen. Einen Hecht. Und er hat gut geschmeckt." Sie hat dic resolute Stimme alter Ufa-Schauspielerinnen. „Und was Karl Sickert angeht: Er war mein Vater und ist kürzlich verstorben. Er war der letzte Elbfischer dieser Gegend. Und bis zu seinem Tod hat er täglich gefischt. Als Gewerbe natürlich ist es mit der Fischerei seit den fünfziger Jahren vorbei. Damals kam mein Vater nach Hause, völlig sprachlos, unfähig, Worte zu finden, ich erinnere mich noch ganz genau. Und dann zeigte er auf die Elbe und sagte: Da unten liegen die toten Fische in Schichten. Das ist 1952 gewesen."

Eine Schachtel mit Briefdurchschlägen und Zeitungsartikeln wird mir zugeschoben. „Da, lesen Sie. Das ist die Korrespondenz meines Vaters mit den Behörden."

Ich lese. 1951: Die Netze sind voll von Zuckerrüben und Zelluloseabfällen, Fische sind kaum noch dabei. 1952: Sickert weist den Rat des Kreises darauf hin, daß die Torgauer Fischer das Parteisoll an Fangfischen nicht mehr erfüllen können und der Ruin sämtlicher Fischer bevorstehe. 1953: Als Antwort verbietet der Rat des Kreises das Baden in der Elbe. 1954: Die Torgauer Fischer, bis auf Sickert, geben auf, nachdem sich die Wasserqualität weiter verschlechtert hat.

„Der Juli ist die große Fangzeit gewesen", fährt die alte Dame in weicherem Tonfall fort. „Schleie, Störe, Barben, Rotaugen,

Hechte, Aale, Welse – zwei bis drei Meter lang –, Zander, Plötze – ein unvorstellbarer Reichtum an Fischen. 32 Fischerfamilien haben hier in Torgau davon leben können. Zu meiner Konfirmation 1938 hatte ich einen Elblachs auf dem Tisch. Unsere Familie besaß zwei Fischgeschäfte in Leipzig, da wurden die großen Fische hingeliefert, die brachten wir in Fässern lebend auf den Zug. Die vielen Juden, die damals in Leipzig lebten, waren unsere besten Kunden. Meine Mutter stand jeden Tag hier auf dem Markt am Scheffeltor und bot den Fisch lebend an; auf Wunsch hat sie ihn am Stand geschlachtet und zerlegt. Und hier gleich nebenan, wo jetzt das Autohaus ist, war das „Tivoli", wo die Fischerbälle stattfanden – die schönsten Feste, die ich als junges Mädchen erlebt habe. Da wurden alte Walzer getanzt, es war herrlich."
In der Pause, die eingetreten ist, setzt der junge Mann eine verschlossene runde Holzschale vor mir auf dem Tisch ab und öffnet sie. Ein handtellergroßes rotes Siegel ist zu sehen – das Siegel des Kurfürsten Johann Georg von Sachsen. Es ist mit einem vergilbten Dokument verbunden, das die Unterschrift des Kurfürsten und die Jahreszahl 1670 trägt: die Gewährung der Fischereigerechtsame auf der Elbe an einen Vorfahren Karl Sickerts. Ich verstehe, daß das Schild an der Tür eine Demonstration der Unbeugsamkeit ist. Der Unbeugsamkeit von Menschen, die nicht in Jahrzehnten denken.

Selbst nachts wacht die Bärenwärterin vom Küchenfenster aus über ihre Schützlinge.

Das „Goldene Schiff" in Torgau war das Innungslokal der Schiffmüller.

Später gehe ich mit dem siebzehnjährigen Enkel des alten Sickert an der Elbe entlang. Er erlernt die Fischerei. Wegen der Familientradition, sagt er, und weil das Handwerkszeug vorhanden ist: Boot, Reusen, Garne. Von den Söhnen der anderen Fischer hat er die alten Netze aufgekauft – keiner von ihnen wird sie mehr brauchen. Ob er seinen Beruf jemals ausüben wird, das weiß er nicht. Zwar wimmelt es in der Elbe von Fischen, sogar der Zander, der feinste Speisefisch der DDR, wie er sagt, sei zurückgekommen. Aber Abnehmer dafür gebe es keine. Trotzdem fährt er abends mit seinem Boot auf Fang und hängt morgens sein Netz, wie in

einem Beschwörungsritual, auf derselben Wiese zum Trocknen auf, die Torgauer Fischer jahrhundertelang benutzt haben.
Vor einem großen, trübseligen alten Haus am Ausgang des Fischerdörfchens bleibt er stehen. „Das war der Puff", sagt er lächelnd. „Wir waren doch eine Hafenstadt. Und hier in Torgau ist es zugegangen wie auf der Reeperbahn in Hamburg."
Die Torgauer Reeperbahn war ein Kneipenviertel, keine hundert Schritt vom alten Hafen entfernt. Und man muß schon sehr scharf hinsehen, bevor sich die wie ausgestorben daliegenden Wohnhäuser an der Straße der Deutsch-Sowjetischen Freundschaft als ehemaliges Vergnügungsviertel zu erkennen geben. Nach geduldigem Studium jedoch mehren sich die Anhaltspunkte: Ein Wappen mit einem Frachtkahn, an dem noch Reste goldener Farbe schimmern. Ein kranzumflochtener Anker über der nächsten Tür. Eine Zweimastbark, plastisch aus dem Stein herausgehauen, farblos. Fast gänzlich verblichene Schriftbänder: „Restauration zum kleinen Schiff" steht hier. „Restauration von E. Jütte" dort. Jahreszahlen: 1765, 1802. Und 1770, in einem Wappen mit Anker und verschlungener Buchstabenkombination über einem Portal, das aufwendiger verziert ist als die anderen.
„Ja, sicher", sagt der alte Mann, den ich angesprochen habe, „in Torgau war was los vor dem Krieg. Im „kleinen Schiff" und drüben im „Restaurant Koch" saßen die Schiffer beim Bier. Und hier, im „Goldenen Schiff", tanzten die Offiziere. Und ein paar abgetakelte Nutten, die haben wir auch gehabt."
Ob er wisse, was Anker und Buchstabenkombination über der Tür des „Goldenen Schiffs" zu bedeuten habe? Er weiß es nicht. „Da müssen Sie schon die Torgauer Chronik befragen."
Die Torgauer Chronik verzeichnet das „Goldene Schiff" als Innungslokal der Schiffmüller. Und sie erwähnt bis zu acht Schiffmühlen vor Torgau auf der Elbe. Ansehen und Einfluß der Schiffmüller spiegeln sich in dem reichverzierten Innungsemblem über dem Eingang zu ihrem Versammlungslokal wider. Es ist die letzte Spur, die sie zwischen Quelle und Mündung am Lauf der Elbe hinterlassen haben.
Dabei haben Schiffmühlen das Bild der Elbe einst stärker geprägt als die Schiffahrt. Zur Zeit der Reformation lagen 500 dieser klobigen Ungetüme auf dem Fluß. 1852 waren es immerhin noch 115. Sie waren keine Besonderheit der Elbe – Schiffmühlen gehörten zum Stadtbild vieler Orte an Donau und Inn, Weser und Rhein, Oder und Saale. Man traf sie in Frankreich, Italien und Spanien. Selbst in Japan und China waren sie bekannt. Und in den Ländern Osteuropas nutzten Schiffmühlen noch bis vor wenigen Jahren die billige Wasserkraft aus.
Dennoch stellen die Schiffmühlen heute das geheimnisvollste Kapitel in der Geschichte der Flüsse dar. Wie sahen sie aus, und wie funktionierten sie? Von weitem müssen sie das Bild schwimmender Scheunen abgegeben haben. Oft wohnte der Müller mit seinen Mahlknechten, bisweilen auch mit der ganzen Familie an Bord, in dem Geschoß über dem Mahlwerk. Das mächtige Mühlrad drehte sich frei in der Strömung; das eine Ende der Welle war im Mühlschiff selbst, das andere auf einem parallel zum Mühlschiff angebrachten Beiboot gelagert, dem schmalen,

meist offenen Wellschiff. In einigen Fällen führte ein Steg vom Ufer zur Mühle hinüber. Meist aber mußten Korn- und Mehlsäcke in Booten hinüber- und herübergefahren werden. Denn die Mühlen veränderten auf der Suche nach der günstigsten Strömung mitunter ihre Position. Je stärker die Strömung, desto höher natürlich die Mahlkapazität – der Grund, weshalb an den trägen Unterläufen der Flüsse keine Schiffmühlen mehr zu finden waren.

Auf keinen Fall aber manövrierten Schiffmühlen nach Belieben im Fluß – die ungeschlachten Kästen waren nur durch Staken mühsam zu dirigieren und hätten sich selbst und die Schiffahrt gefährdet. So lagen sie die meiste Zeit über entweder durch lange Trossen sicher am Ufer vertäut oder hingen an schweren Ankern im Strom, die auch bei Sturm nicht verrutschen durften.

Als Kornmühlen spielten die Schiffmühlen der Elbe eine kaum zu überschätzende Rolle für die Versorgung der Bevölkerung. Aus der Geschichte sind allerdings auch schwimmende Münzprägeanstalten, Wein- oder Ölpressen und Sägewerke bekannt. Selbst Papierschiffmühlen kamen vor, auf denen der Rohstoff für die Papierherstellung gewonnen wurde.

Als Energiequelle war das Wasser der Flüsse nicht nur billig, sondern auch zuverlässig – im Gegensatz zum Wind etwa. Andererseits ist Wasser ein unberechenbares Element. Plötzlicher Eisgang konnte das Mühlrad zerstören, Hochwasser konnte die Mühle aus ihrer Verankerung reißen. Zu jeder Mühle gehörte deshalb ein Schutzhafen, in den die Mühle bei Gefahr geschleppt werden mußte. Im Kampf gegen die Naturgewalten war der Schiffmüller meist auf sich gestellt. Es gab jedoch noch einen anderen Feind, und gegen den konnte eine so schlagkräftige Standesorganisation wie die der Torgauer Schiffmüller schon etwas ausrichten: die Schiffer. Aus deren Sicht nämlich war eine Schiffmühle nichts anderes als ein Hindernis, und 500 Schiffmühlen waren 500 Hindernisse mehr, als einem Schiffer auf der ohnehin komplizierten Strecke lieb sein konnte. Beim Treideln stromaufwärts waren jedes Mal akrobatische Anstrengungen seitens der Bomätscher nötig, um die Treidelleine über die Schiffmühle zu heben – und nicht selten verfing sie sich dann doch im laufenden Mühlrad. Flußabwärts fahrende Schiffe wiederum hatten oft Mühe, den Schiffmühlen auszuweichen, die der günstigen Strömung wegen bisweilen ungeniert in der Fahrrinne lagen.

Umfangreiche Verordnungen sollten die friedliche Koexistenz beider Parteien gewährleisten. So hatten die Schiffer ihre Ankunft im voraus durch Boten oder Lotsen den Schiffmüllern anzukündigen, damit diese ihre Mühle aus dem Weg schaffen konnten. Die Schiffmüller ihrerseits waren verpflichtet, ober- und unterhalb ihres Standortes Tafeln am Ufer aufzustellen mit genauer Lagebeschreibung und Angabe der Frist, die sie für ihren Rückzug benötigten.

Allen Vorsichtsmaßnahmen zum Trotz ist die Geschichte der Schiffmühlen auch eine Geschichte der Kollisionen und Havarien. Die spektakulärste Katastrophe trug sich 1777 bei Magdeburg zu: Plötzlich auftretender Eisgang zerstörte die Ankerkette einer Schiffmühle, welche sofort außer Kontrolle geriet, eine weitere Schiffmühle mit sich riß und an der Magdeburger Strombrücke zwischen die

Vor der Elbbrücke bei Torgau wirft der Fischer seine Reusen aus.

dort überwinternden Schiffe geschleudert wurde. Ergebnis: 47 demolierte Elbkähne. Die einflußreichste Innung allerdings konnte nichts daran ändern, daß im Verlauf des 19. Jahrhunderts die wirtschaftliche Bedeutung der Schiffmühlen rapide abnahm, während die der Schiffahrt, begünstigt durch die Auflösung der Zollstationen, ständig wuchs. Eine Schiffmühle nach der anderen wurde vom Staat aufgekauft und verschrottet. Der Ponton der Wehlener Schiffmühle überlebte noch eine Zeitlang als schwimmende Tanzfläche vor einer Dresdener Gaststätte. Und die Meißener Schiffmühle ist, wie berichtet, zu Tischen und Stühlen verwandelt heute noch in einer Weinstube zu besichtigen. Auf dem deutschen Flußabschnitt der Elbe kapitulierte der letzte Schiffmüller im Jahr 1901. Auf dem böhmischen zehn Jahre später.

Sinnlos also, an der Elbe noch eine Schiffmühle entdecken zu wollen. Man braucht aber auch nicht nach Rumänien zu fahren, wo gleich zwei Schiffmühlen in einem Freilichtmuseum zu sehen wären. Oder nach Jugoslawien, wo in einem versteckten Tal auf einem vergessenen Flüßchen tatsächlich noch eine Schiffmühle arbeiten soll. Es reicht schon, die Elbe zu verlassen und 30 Kilometer landeinwärts zu fahren.

500 Schiffmühlen arbeiteten einst auf der Elbe als Kornmühlen. Eine Flotte von schwimmenden Inseln, die stets vor Anker lag.

Die Fahrt zur letzten Schiffmühle Deutschlands geht durch ausgedehnte Heidelandschaft über fast autofreie Straßen nach Bad Düben an der Mulde. Und dort, am Muldeufer unterhalb der Burg liegt sie: eine kleine, den Größenverhältnissen der Mulde angepaßte Mühle ohne Kammern für Müller und Knechte, aber mit einem offenliegenden Mahlwerk aus großen Holzzahnrädern und einem raumgreifenden Mühlrad, das noch bis 1954 mit seinen drei bis fünf Umdrehungen pro Minute einen Generator betrieben hat.

Wittenberg: Das Gegen-Rom

HAUS DER DAME

Wie der Rhein ein katholischer, so ist die Elbe ein protestantischer Fluß. An ihrem Ufer wurde die Reformation in die Welt gesetzt. Während in Köln und Mainz die Schriften Martin Luthers in Flammen aufgingen, verschanzten sich die Verschwörer gegen das Papsttum in ihrem Widerstandsnest an der Elbe und errichteten hier das deutsche Gegen-Rom. Der Name des Nestes: Wittenberg. Was ließ sich über Wittenberg sagen? Für Luther lag das unansehnliche 2000-Seelen-Städtchen „am Rande der Zivilisation" – noch einen Schritt weiter, und die Wittenberger wären „mitten in die Barbarei geraten". Eine gewisse Berühmtheit mit dem Beigeschmack des Bizarren genoß die Stadt allein durch die kurfürstliche Reliquiensammlung, zu der neben einem Zahn des heiligen Jakobus, den blutgetränkten Haaren Christi und Resten von der Milch der Jungfrau Maria noch 19 000 weitere Exponate gehörten.
Ein Zufall, daß der Augustinermönch Martin Luther als Theologieprofessor 1512 ausgerechnet an die Universität von Wittenberg versetzt wurde. Kein Zufall aber, daß sich das weltbewegende Werk der Reformation mit dem engen Geist einer deutschen Kleinstadt verband – wo sich zur selben Zeit die Kirche in Rom dem Geist der klassischen Antike öffnete. Wittenberg wird der Konzentration auf das von allem Beiwerk abendländischer Tradition gereinigte Wort Gottes den geringsten Widerstand entgegengesetzt haben.
Den Eindruck eines biederen Idylls erweckt Wittenberg heute noch, wenn man nach Überquerung der Elbbrücke seiner Türme und Giebel durch das Geäst von Obstgärten hindurch ansichtig wird. In den Bann protestantischer Ernsthaftigkeit zieht einen dann ein Spruchband, das sich um den runden Turm der Schloßkirche ringelt wie die Bauchbinde um die Zigarre: „Ein' feste Burg ist unser Gott, ein' gute Wehr und Waffen" – der Anfang von Luthers berühmtem Choral. Daß die Wittenberger sich lutherischem Ernst auch zu entziehen verstehen, haben sie anläßlich der Kirchturmrenovierung zu DDR-Zeiten bewiesen: Damals lief das Gerücht um, die SED wolle die erste Strophe gegen die zweite austauschen: „Mit unserer Macht ist nichts getan, wir sind gar bald verloren."
In dem wunderschönen Renaissance-Rathaus am Marktplatz ist die Feierlichkeit, mit der in böhmischen Landen zur Erteilung offizieller Auskünfte geschritten wird, unbekannt. Dafür halten sich die erteilten Auskünfte hier enger ans Thema. Auf meine Frage nach dem Verhältnis der SED zu Luther erfahre ich folgendes:
Eigentlich wollte die DDR mit dem „Bauernverräter" Luther nichts zu tun haben. Den offiziellen Beinamen „Lutherstadt", den Wittenberg in den dreißiger Jahren verliehen bekommen hatte, empfand man im neuen Deutschland als ausgesprochen anstößig. Eine symbolische Unverschämtheit war es zudem, daß diese Lutherstadt den exakten geo-

Seite 124/125: Als Ausgangsort der lutherischen Reformationsbewegung war die Stadt Wittenberg ein geistiges und kulturelles Zentrum Europas.

Gemeinsam mit Philipp Melanchthon machte Martin Luther Wittenberg zum Bollwerk der Reformation.

Verfallen sind die Gebäude des Cranach-Hofes, wo Lucas Cranach die protestantische Kunst begründete.

graphischen Mittelpunkt der DDR bildete. Viel angenehmer hätte der Doppelname „Chemiestadt Wittenberg" in den Ohren der Partei geklungen. In den sechziger Jahren wurden die städtischen Autobusse daher probeweise mit der Aufschrift „Chemiestadt Wittenberg" versehen. Als der bürgerliche Unmut darüber nach zwei Jahren noch genauso heftig brodelte wie am ersten Tag, wurde die Idee wieder fallengelassen. Und als um den Luthergeburtstag 1983 gar kein Weg mehr herum führte, waren die verratenen Bauern mit einemmal vergessen, und Luther wurde als Sprachschöpfer geehrt. Erstaunlich ist, daß Luther gerade in Wittenberg etwas von seiner Einzigartigkeit verliert. Mitarbeiter rücken hier ins Blickfeld, die für den Erfolg der Reformation entscheidend gewesen sind: Bugenhagen, der die Reformation von der Kanzel der Stadtkirche herab predigte. Melanchthon, der die Fundamente der protestantischen Theologie legte. Und Cranach, der zusammen mit seinem Sohn in gut katholischer Manier die Augen der evangelischen Gläubigen bediente. Mit

Um den Turm der Schloßkirche zieht sich ein Spruchband mit dem Anfang von Luthers berühmten Choral „Ein feste Burg ist unser Gott, ein gute Wehr und Waffen."

EIN GUTE WEHR UND

wieviel Phantasie die beiden zu Werke gingen, läßt sich in der Gründungskirche des Protestantismus hinter dem Marktplatz besichtigen. Deren Altarraum ist eine Gemäldegalerie der Reformation.

Das letzte Abendmahl im Mittelteil des Hauptaltars gestaltet Vater Cranach als Arbeitsessen der Reformatoren mit ihrem Meister. Während die Jünger auf anderen Abendmalsdarstellungen traditionell um einen langen, schmalen Tisch herum sitzen, Christus in ihrer Mitte, ist Cranachs Abendmahlstisch rund – rund wie der Tisch, an dem unter Berufung auf eben dieses Cranachgemälde die politischen Reformatoren nach der Novemberrevolution über die Zukunft der DDR debattierten. Der linke Seitenflügel des Altarbildes zeigt Melanchthon als Täufer, der rechte Bugenhagen, der einem Büßer den Schlüssel zum Reich Gottes aushändigt. Entstanden ist dieses Dokument protestantischen Selbstbewußtseins im Jahr der Schlacht bei Mühlberg, nach welcher Kaiser Karl V. das Schicksal des Protestantismus für besiegelt hielt.

Am besten gefällt mir ein Bild von erfrischender unverhohlener Polemik im hinteren Teil des Altarraums, eine Variation des jüngeren Cranach über das Thema der Arbeiter im Weinberg des Herrn. Da plündern in der linken Hälfte Priester und Mönche gewissenlos den Weinberg, sie reißen die Weinstöcke aus, verbrennen sie, keltern Steine und saufen den Wein statt Wein zu machen. Am Fuß des Weinbergs tritt der Papst mit seinem pompösen Gefolge dem Heiland entgegen, eine Münze – Abfindung oder Schweigegeld? – in der ausgestreckten Hand. Der Gottessohn aber hat nur Augen für die ernste, schwarzgewandete Schar der redlichen Reformatoren, die sich mit Harke und Spaten die Pflege des Weinbergs sauer werden lassen und reiche Ernte aus ihren Kiepen in die Kelter schütten. Da versteht nun jeder, in wessen Händen die Christenheit besser aufgehoben wäre.

Die sich rasant ausbreitende Reformation setzte ein Bedürfnis nach bildhafter Neuinterpretation alter christlicher Themen frei, das Cranach allein unmöglich befriedigen konnte. Er beschäftigte daher Gesellen – durchschnittlich sechs bis zehn, in Spitzenzeiten 22. Ateliers und Werkstätten lagen im sogenannten Cranach-Hof am Markt – eine zu ihrer Zeit in Deutschland einmalige Künstlerkolonie.

Kurz vor Sonnenuntergang stehe ich vor der Toreinfahrt des Cranachhauses – Erkennungszeichen ist eine geflügelte Schlange in der rechten oberen Ecke, das Wappentier des Viel- und Schnellmalers Cranach. Hinter der Einfahrt liegt ein unregelmäßig gepflasterter, teilweise mit Steinplatten belegter Innenhof. Das warme Abendlicht streift die Fachwerkwand des rechten Gebäudeflügels, beleuchtet eine geschnitzte Holzsäule und eine lateinische Inschrift. Vom Querhaus zeichnet sich im Gegenlicht nur die Silhouette des eingestürzten Dachs mit den geborstenen Schornsteinen ab. Schutt heruntergefallener Ziegel liegt am Boden. Der linke Flügel scheint noch bewohnt, im Türschlitz steckt eine Tageszeitung.

Das also ist übrig von dem berühmten Cranach-Hof, einem Anwesen mit 84 beheizbaren Räumen und 16 Küchen, mit Ateliers, Werkstätten und Unterkünften für Schüler, Gesellen und Gäste. Das einzige Geräusch, das in die Totenstille dieses Abends fällt, ist das Tropfen eines Brunnens in der Mitte des Hofes.

Lassen sich diese Ruinen vor dem Abriß bewahren? Es gibt in Wittenberg Bürger, die dafür kämpfen. Als deren Gast werde ich heute abend zur Abwechslung mit Rheinwein bewirtet.

„Der Brunnen“, erklärt die Gastgeberin, „ist die Zapfstelle einer privaten Wasserleitung aus der Mitte des 16. Jahrhunderts. Die sieben reichsten Bürger Wittenbergs haben damals frisches Quellwasser aus dem Fläming in ausgehöhlten Eichenstämmen in ihre Häuser geleitet. Als zweitreichster Mann der Stadt konnte sich Cranach natürlich die Kosten für den Anschluß leisten. Der Brunnen im Cranach-Hof funktioniert heute noch, die Wittenberger holen sich gerne ihr Wasser zum Teekochen dorther.“

„Cranach ist ja nicht nur Maler gewesen“, ergänzt mein Nachbar, „sondern auch Unternehmer. Er besaß eine Apotheke und einen Weinausschank, er vermietete Zimmer und verlieh als Privatbankier Geld, er betrieb eine eigene Druckerei samt Buchverlag und Vertrieb. Außerdem war er Ratsherr und zeitweilig auch Bürgermeister.“

„Seine Schüler und Gesellen nahmen sich in Wittenberg einiges heraus. Zum Beispiel traten sie in der Öffentlichkeit mit umgehängtem Degen auf. Das brachte die adeligen Studenten auf die Palme, die den offen getragenen Degen für ihr ureigenes Privileg hielten. In deren Augen waren die Cranachschüler ordinäre Anstreicher. Dazu muß man wissen, daß sie nicht nur Altarbilder malten. Sie waren genauso für das Streichen von Wänden oder Zäunen zuständig. Zwischen Cranachs Anstreichern und den Studenten kam es zu regelrechten Straßenschlachten, die vom Militär geschlichtet werden mußten.“

Wie schön wäre es, wenn man sich solche Geschichten auf der Terrasse eines Cafés im restaurierten Cranach-Hof erzählen könnte. Die Vision meiner Gastgeber jedenfalls sieht dort eine Kneipe vor, neben Ateliers, Werkstätten und Galerien. Vielleicht kommt die Rettung aus den USA – wo der Verein zur Erhaltung der berühmten Atelierhäuser ebenfalls Mitglieder hat.

Daß Wittenberg, wie alle Elbestädte, ein Hafen- und Fischerort war, bevor es eine Luther- oder Chemiestadt wurde, entdecke ich auf der Fahrt durch den westlichen Stadtteil Kleinwittenberg. Das Örtchen weist die typischen Merkmale der Fischerdörfer auf: schmucklose niedrige Häuser und enge Straßen, in denen man den nahen Fluß riechen kann. Von den Hungersteinen, die irgendwo hier im Flußbett liegen sollen, ist zu dieser Jahreszeit nichts zu sehen. Nur wenn sich das Wasser in besonders trockenen Sommern immer weiter zurückzieht, so daß die Schiffahrt ganz zum Erliegen kommt, werden sie sichtbar: „Wenn du mich siehst, dann weine“, hat ein Schiffer oder Bomätscher vor Jahrhunderten, nach langen Wochen erzwungener Untätigkeit wahrscheinlich, hineingemeißelt.

In Kleinwittenberg entdecke ich die erste „Feierabendstelle“ auf meiner Reise. Wenige Schritte vom Wasser entfernt steht eine alte Pumpe am Ufer, die ein rostgesprenkeltes Blechtäfelchen als „Trinkwasserstelle“ ausweist. Und auf der anderen Seite der Uferstraße liegt eine Wirtschaft mit dem verräterischen Namen „Zum Anker“.

Der „Anker“ ist eine Gedenkstätte der Elbschiffahrt, ein Museum lebendiger Erinnerung an die Zeit, als sich die Schiffer mit ihren Wassereimern unten an der Trinkwasserstelle drängten, wenn abends ein ganzer Schleppzug hier angelegt hatte. Damals, als es noch nicht die großen Trinkwassertanks an Bord gab. Als man sich noch mit Elbwasser wusch, so daß unten an der Pumpe wirklich nur das Trinkwasser gezapft zu werden brauchte. Was hier im „Anker“ los war, wenn die Tür aufging und die Mannschaften des Schleppers und der angehängten Kähne hereinkamen – das kann man sich auch selbst ausmalen. Und mit respektvollem Schmunzeln gedenkt man hier des Kapitäns der „Dukla“, der sich unter den Zechern besonders auszuzeichnen pflegte – jener „Dukla“, die heute als Geisterschiff vor Mělnik aufgebahrt liegt.

Auch Hans Lorbeer, der kommunistische Bürgermeister von Kleinwittenberg, scheint in den zwanziger Jahren manchen Feierabend im „Anker“ zugebracht zu haben. Der poetische Niederschlag solcher Nächte ist auf Tafeln an den Wänden der Terrasse des „Ankers“ nachzulesen:

„Fünf volle Kähne schleppt der Dampfer
den Strom hinan, dicht quillt der Rauch;
die Mutter und die nackten Kinder
ruhn hinterm kühlen Weidenstrauch.“
„Im Westen sind die grünen Wälder,
im Osten liegt die enge Stadt,
die Kühe aus den nahen Höfen
waten im Wasser, satt und glatt.“

Die grünen Wälder im Westen gibt es noch, und die Straße nach Rosslau führt mitten hindurch. Dann und wann glitzert die Elbe durch das vorbeifliegende Gitterwerk der Baumstämme. Eine halbe Stunde später bin ich in Rosslau und werde von einem jungen Mann aus dem Pressebüro der „Rosslauer Schiffswerft GmbH“ über das Werftgelände geführt, vorbei an aufragenden nackten Eisenwänden, die eines Tages als Hotelschiff für einen westdeutschen Kunden vom Stapel laufen werden, und Schiffsmüllverbrennungsanlagen für Sibirien – beeindruckende, nüchterne Technik.

Wie muß es hier vor 100 Jahren ausgesehen haben, in jenen Glanzzeiten der Elbschiffahrt, als Technik auch durch Schönheit überzeugen mußte? Damals wurden sie hier reihenweise auf Kiel gelegt, die eleganten schwarzen Radschleppdampfer mit scharfem, steilem Bug, flachem Deck, ausladenden Schaufelradkästen und offenem Steuerstand, in dem die Steuerleute jedem Wetter ausgesetzt waren wie echte Seeleute. „Germania“ wurden sie getauft, bevor sie, Zentimeter für Zentimeter, in die Elbe hinunterrutschten, „Concordia“, „Baron Koller“ oder „General v. Blumenthal“ – Namen, die jedes Kind am Fluß kannte, Legenden heute wie die Heckraddampfer auf dem Mississippi.

1869, entnehme ich dem Werkverzeichnis, ist in Rosslau das erste Schiff vom Stapel gelaufen, der Radfrachtdampfer „Hermann“: Länge 60,10 Meter, Tiefgang – typisch für Elbschiffe – nur 0,50 Meter, Maschinensystem: Comp. mit oscill. Cyl. u. Einspritz-Kondensation, 140 Pferdekräfte. Für Kenner verbirgt sich hinter diesen Kürzeln vielleicht ein

Südlich der Schloßkirche mit den Gräbern Luthers und Melanchthons liegt das kurfürstliche Residenzschloß.

Unweit von Wittenberg liegt der Landschaftspark Wörlitz mit dem „Gotischen Haus" in Schwochs Garten, überragt vom Wörlitzer Kirchturm.

technischer Leckerbissen. Denn die Rosslauer Schiffswerft war bekannt für fortschrittliche Ingenieurleistungen auf dem Gebiet des Antriebs. Im Zweiten Weltkrieg sind hier auch Kriegsschiffe und sogar Flugzeugteile für die Junkerswerke drüben in Dessau gebaut worden.

Der Neuanfang nach dem Krieg war mühsam. Mit den demontierten technischen Anlagen wanderten auch die wichtigsten Konstruktionspläne in die Sowjetunion – welche für die nächsten zehn Jahre der einzige Kunde war: 188 Fischkutter, Eisbrecher und Kühlschiffe wurden in dieser Zeit an den großen Bruder geliefert. 1957, mitten im Kalten Krieg, taucht dann die Bundesrepublik mit 14 Binnentankern in der Kundenliste auf. Und später kommen Aufträge aus Algerien, Norwegen, Tunesien und Kuba. Meist sind es flachgehende Containerschiffe, die auf eigenem Kiel von Rosslau nach Hamburg fahren, das Steuerhaus komplett im Laderaum verstaut. Erst hinter der letzten Hamburger Hafenbrücke wird es dann mit wenigen Handgriffen aufgesetzt und montiert.

Die DDR selbst tritt als Kunde kaum noch in Erscheinung: ganze vier Motorfrachtschiffe werden nach 1970 noch für den Einsatz auf der Elbe gebaut. Die Melancholie, die die Nostalgiker der Binnenschiffahrt darüber empfanden, wurde jedoch längst nicht von allen, die an der Elbe zu Hause waren, geteilt.

Der Altarraum der Wittenberger Schloßkirche, die Ende des 19. Jahrhunderts von Johann Heinrich Friedrich Adler zur Gedächtniskirche der Reformation umgebaut wurde.

Steckby Aken und Barby: Biber und Brandstifter

In einem engen, ebenerdigen Unterstand hat ein Fernsehteam seine Kamera aufgebaut. Die Männer bewegen sich auf Zehenspitzen und sprechen kein Wort. Sie starren auf den kleinen Tümpel, den Haufen frischgeschnittener Pappelzweige und den Berg ineinanderverkeilter Äste im Blickfeld der Kamera. Sie warten, still und mit schwindender Hoffnung. Jetzt, gegen Abend, wird das Vogelgezwitscher lauter. Vielleicht ist dies einer der wenigen Tage, an denen er sich nicht zeigt. Da gleitet ein brauner Schatten durchs Wasser. Die Kamera wird eingeschaltet, der Kameramann verfolgt den Schatten und sieht, wie sich ein kantiger Kopf bis zu den Augen und Nasenlöchern aus dem Wasser hebt. Mit ruhigen, abgemessenen Bewegungen zieht das Tier im Tümpel gleichförmige Kreise. Schwimmt es auf die Kamera zu, hat es kleine braune Kinderhände. Wendet es, läßt es hautbespannte Entenfüße sehen. Endlich, mit derselben gleitenden Schwimmbewegung, geht es an Land, schüttelt sich, wobei es einen fiependen Laut ausstößt, und verschwindet zwischen den Pappelzweigen – die Schuppen des nachschleifenden Schwanzpaddels blinken feucht im letzten Tageslicht.

Der Gehegebiber der Vogelschutzstation von Steckby ist wahrscheinlich der meistfotografierte und meistgefilmte Biber der Welt. Immer muß er seinen Kopf hinhalten, wenn über die Elbebiberkolonie zwischen Torgau und Magdeburg berichtet wird. Und das Interesse an den sonderbaren Tieren, die eine beinahe menschliche Aura von Konzentration und Besonnenheit umgibt, ist groß.

Ich gehe mit dem Leiter der Vogelschutzstation vom Gehege zurück zum Haus, das wie ein Pfarrhaus zwischen Bäumen hinter einer hohen Ziegelmauer im Schatten der Dorfkirche liegt. „In der DDR“, beginnt er das Gespräch unter den Blicken ausgestopfter Biber, „wurden wir immer mehr zu Biberforschern. Vögel haben nämlich die Unart, über Landesgrenzen hinwegzufliegen, und Vogelschützer haben die Unart, hinter den Vögeln her zu wollen. Das wurde gar nicht gern gesehen. Biber haben diese Unart nicht, die entfernen sich höchstens ein bis zwei Kilometer von ihrem Bau. Also erforschten wir Biber.“

Mich wundert, daß die Wasserverschmutzung nicht längst den letzten Elbebiber vertrieben hat. Mein Gesprächspartner lächelt, wahrscheinlich bekommt er diese Frage am häufigsten zu hören, seit die westlichen Medien diesen weitabgelegten Winkel entdeckt haben.

„Der Biber scheint das Wasser nur als Medium zu benutzen, als Fortbewegungselement. Mit dem Elbwasser kommt er jedenfalls erstaunlich gut klar. Wir haben heute etwa 2500 Tiere an der Elbe, soviel wie noch nie, seit vor 70 Jahren mit dem Zählen begonnen wurde. Damals waren unsere Biber hier die letzten in Mitteleuropa. An der Weser waren sie 1856, am Rhein 1877 vollständig ausge-

Seite 136/137: Durch unberührte Auwälder fließt die Elbe bei Aken.

Ein knorriger Eichen-Veteran im Urwald von Steckby.

Wenn die Sonne sinkt, ist die Stunde der Elbbiber gekommen. Heute leben etwa 2500 Tiere an der Elbe.

rottet. Das ist ja ein Tier, an das man sich gewöhnen muß – wo der Biber hinlangt, da fällt einiges um. Aber der Forst von Steckby war herzoglich, und der Herzog hatte ein Herz für die Viecher, also sah er über die Waldschäden großzügig hinweg."

1921 wurde der Biber unter Naturschutz gestellt. Nach dem Zweiten Weltkrieg haben ihn die Fischer wohl trotzdem gefangen – einmal weil an so einem Tier, das bis zu 35 Kilogramm auf die Waage bringt, einiges dran ist, und zum anderen hat der Biber eben immer diesen schönen Pelz. Und heute leben sie hier völlig ungestört: 43 000 Hektar ringsum sind Landschaftsschutzgebiet, 600 Hektar Reservat, in das überhaupt kein Mensch eingreifen darf. Allerdings verachtet der Biber auch Kulturlandschaften nicht. In Torgau wohnt eine Biberfamilie in einem Bewässerungsgraben direkt neben einer Hauptverkehrsstraße.

Angezogen von der Ruhe, die über diesem Fleckchen Erde am Ende der Welt liegt, flaniere ich nach dem Gespräch die einzige Straße der 300-Seelen-Gemeinde Steckby hinunter.

Ein Ankündigungsblatt gibt den Termin für den wöchentlichen Besuch des Friseurs bekannt. Auf dem Gasthof „Zum Biber" dringt der quäkende Melodiefetzen eines Spielauto-

maten. Am Ende des Dorfes geht die Straße in einen Sandweg über.
Ich schlage die Richtung zum Fluß ein. Mit jedem Schritt in den weiten, zaunlosen Uferauen wächst das Behagen. Düfte und Bilder öffnen Nase und Augen. Ein metallischer Glanz, der den wolkenlosen Himmel nach Sonnenuntergang überzieht, verwandelt den Fluß in ein Lichtband, das sich beinahe gradlinig bis zum Horizont hinzieht. Zum ersten Mal habe ich hier den Eindruck eines Stroms. Vögel schießen über den gleißenden Wasserspiegel. Linker Hand beginnt der Urwald, jener Teil des Steckbyer Forstes, der ungehindert wuchern darf. Großblättrige Pflanzen und baumwollartige weiße Bällchen an langen Stengeln reichen mir bis zum Hals. Die Sache beginnt, bei zunehmender Dunkelheit, unheimlich zu werden. Ich kehre ins Dorf zurück und quartiere mich im „Biber" ein.
Die Gierfähre, mit der ich am nächsten Morgen nach Aken übersetze, hat einen drei Meter hohen Mast mit Ausguck. Wozu braucht eine Fähre einen Mast, und wozu einen Ausguck? Der Fährmann reagiert verlegen. „Also, na wolln wir mal so sagen – das ist ein Konstruktionsfehler." Ich dränge ihn, mit der ganzen Wahrheit herauszurücken – nach einigem Zögern tut er mir den Gefallen: Als die Fähre vom Stapel lief, entdeckte man, daß sie Schlagseite hatte. Man behalf sich mit einem Mast aus massivem Eisen als Gegengewicht auf der leichteren Seite. Um eine nautische Funktion vorzutäuschen, erhielt er an der Spitze einen Mastkorb. Mir gefällt diese Logik, aber mir fehlt die letzte Konsequenz: Ein Mann, der in diesem Mastkorb sitzt und jedesmal, wenn die Fähre ablegt, „Land in Sicht" rufen muß.

Überall in den Auwäldern hinterlassen die Biber ihre Spuren.

Daß ich das Stadtbild von Aken wenig beeindruckend finde, kann mich nicht irritieren. Zu oft ist der Name in den Gesprächen gefallen, die ich auf dieser Reise geführt habe. Die halbe Stadt, hieß es, sei in der Elbschiffahrt beschäftigt gewesen. 250 Schiffseigner sollen in Aken gelebt haben. Um acht Schiffergesellschaften habe das Gesellschaftsleben der 10 000 Akener gekreist. Damals, vor dem Krieg.
Wie die meisten seiner Kollegen an der Elbe ist der Direktor des Akener Heimatmuseums ein pensionierter Geographielehrer. Mit der Vorliebe für eine systematische Vorgehensweise, die diesem Berufsstand zu eigen ist,

läßt er seine Einführung in die Stadtgeschichte bei ihrer Gründung beginnen: „Aken ist um 1160 von Holländern gegründet worden. Die waren durch eine verheerende Sturmflut gerade heimatlos geworden. Albrecht der Bär umwarb diese Leute, weil sie Sümpfe entwässern und Deiche anlegen konnten. Und die Holländer kamen und fragten nicht lange nach dem alten slawischen Namen des Platzes, sondern nannten ihn nach der Stadt Karls des Großen, also Aachen. Aken ist nämlich nichts anderes als die alte niederdeutsche Version von Aachen.

Diese Holländer waren planmäßig vorgehende Menschen. Meinen Schülern habe ich immer gesagt: Den Aufbau von New York könnt ihr vor eurer eigenen Haustür studieren. Beides sind holländische Gründungen, in beiden verlaufen die Straßen schnurgerade und rechtwinklig zueinander. Nur daß bei uns von vier Stadttoren heute noch drei stehen. In New York keines mehr."

In der Flut von Ausstellungsstücken fällt mir eine Zigarrenschachtel mit der Aufschrift „Akener Riesen" auf. „Ja", sagt der Museumsdirektor lächelnd, „die Akener Schiffer hatten einen Akener Riesen im Mund, wenn sie im Steuerhaus standen. Der Tabak dafür kam mit dem Schiff aus Hamburg und wurde von einem hiesigen Tabakhändler zu Zigarren gedreht. Wie in Havanna."

Ich zeige auf eine schwarze Säge mit großen Dreieckszähnen und langem, abgewinkeltem Griff. „Was ist das?"

„Eine Eissäge", sagt der Direktor, gleichzeitig erschüttert und erfreut darüber, wie wenig ich von der Elbschiffahrt verstehe. „Zu meiner Zeit gab es in jedem Winter Eisgang. Dann steuerte der Kahn den nächsten Winterhafen an, und der größte Teil der Mannschaft fuhr nach Hause. Einige aber blieben an Bord, um das Eis von den Schiffen fernzuhalten, damit es sie nicht zerdrückte. Und die Eisblöcke, die in den Häfen gehackt und gesägt wurden, wanderten in die Kühlhäuser der Metzgereien und brachten den Schiffern in der schlechten Jahreszeit ein bißchen Geld."

Von Frühjahr bis Herbst muß Aken eine Stadt der Frauen und Kinder gewesen sein, da hatten die Gastwirte ruhige Zeiten. Ganz anders im Winter. In acht Schiffervereinen war die männliche Bevölkerung von Aken organisiert. Sie veranstalteten Schifferumzüge und Schifferbälle und unterstützten in Notfällen auch die Witwen verstorbener Kollegen. In diesen Schiffervereinen spiegelte sich die soziale Ordnung an Bord: Schiffseigner waren in „Neptun" oder „Fortuna" organisiert. Bootsleute ohne eigene Kähne traten der „Germania" bei, wenn sie deutsch-national fühlten, die anderen waren Mitglieder von „Kehrwieder". Für Kommunisten und Sozialdemokraten kam nur „Vorwärts" infrage. Und für die Junggesellen war „Arkona" zuständig. Jeder, der heiratete, wurde automatisch ausgeschlossen.

Solche Schiffervereine gab es, in geringerer Zahl, in allen Orten an der Elbe. Eine Akener Besonderheit aber waren die „Anfahrer", die die fliegende Versorgung der Akener Schiffer mit Proviant und frischer Wäsche übernahmen. Auch wenn ein Schiffer seit Wochen oder Monaten unterwegs war – ein Schleppzug hielt nicht eigens für ihn an, wenn er an seinem Heimatort vorbeikam. Hatte er das Glück, in Aken zu wohnen, dann konnte er seine Frau am Tag zuvor durch eine Postkarte

Umgeben von 43 000 Hektar Landschaftsschutzgebiet und 600 Hektar völllig unberührten Urwalds scheint Steckby am Ende der Welt zu liegen.

benachrichtigen. Und sobald sie anderntags die Signalpfeife des angekündigten Schleppers hörte, fuhr sie Töpfe und Körbe auf einem Handkarren hinaus zu einem der drei Anfahrer, der alles in seinem Kahn verstaute und sich dem Schleppzug entgegentreiben ließ. Dort wurde alles an Bord geschafft, Pökelfleisch und Unterwäsche, zuletzt sprang die Frau an Bord, wechselte ein paar Worte mit ihrem Mann, umarmte ihn kurz, und dann ging es zurück nach Aken, während der Schleppzug hinter der nächsten Flußbiegung verschwand.

„Mit den Anfahrern", beschließt der Museumsdirektor seine Akener Stadtgeschichten, „war es Mitte der dreißiger Jahre vorbei. Mit der Schiffahrt zehn Jahre später. 1945 versuchten viele, ihren Kahn auf der Weser vor Enteignung in Sicherheit zu bringen. Mit dem Ergebnis, daß damals halb Aken nach Minden an der Weser umgezogen ist. Wenn es hoch kommt, gibt es heute in Aken noch 200 Einwohner, deren Beruf mit dem Fluß im weitesten Sinne zu tun hat. 200 – von 12 000 Einwohnern."

Im Gegensatz zu Aken ist der kleine Ort Barby verwinkelt, seine Gassen sind krumm, und holländisch ist nicht einmal der Name. Barby dürfte von dem slawischen Wort „barborgi" kommen, „an der Biegung gelegen".

Die Schifferhäuser erinnern daran, daß vor dem Zweiten Weltkrieg 250 Schiffseigner in Aken wohnten.

Charakteristischer für Barby als die Elbbiegung, die vor der Flußregulierung ausgeprägter gewesen sein mag, ist seine Lage an der Saalemündung in die Elbe. Die Saale, einer der Lieblingsflüsse der deutschen Romantik, ist heute verschmutzter als die Elbe selbst. Was kann sich Weltbewegendes in Barby abgespielt haben? Den Ortschronisten, einen pensionierten Lehrer, bringt meine Frage nicht in Verlegenheit. Barby, sagt er, sei mit einer Hinrichtung in die Geschichte eingegangen. Mit der letzten öffentlichen Enthauptung auf deutschem Boden.

Die Geschichte beginnt am 29. August des Jahres 1798, früh um halb drei. Eine Frau, die sich um diese Zeit auf den Weg zur Arbeit macht, sieht Flammen aus einer Scheune am Stadtrand lodern. Sie schlägt Alarm, so daß die Bürger von Barby wenigstens nicht im Schlaf überrascht werden. Die Ernte ist in den Scheunen, der Wind bläst das Feuer in Richtung Marktplatz, und weil alle damit beschäftigt sind, ihr Hab und Gut in Sicherheit zu bringen, hilft kaum jemand bei den Löscharbeiten. Am Nachmittag hat das Feuer 150 Häuser zerstört, halb Barby liegt in Schutt und Asche.

Johann Gottfried Grimm, 25 Jahre alt, Erdtreter in der Ziegelei, wird verhaftet, zusammen mit seiner Frau. Er sagt aus, die Kinder,

Auch bei Barby sorgt eine Gierfähre für die Verbindung zwischen den Ufern.

das seine und das Nachbarskind, hätten sich immerzu in den Haaren gelegen, der Streit hätte auf die Erwachsenen übergegriffen, und seine Frau wäre mit der Zeit immer heftiger in ihn gedrungen, dem Nachbarn die Scheune anzuzünden – da habe er es schließlich getan. Das Brandstifterehepaar wird am 23. 5. 1799 in Wittenberg zum Feuertod verurteilt – ein Urteil von ungewöhnlicher Grausamkeit. Gleichwohl wird es vom Berufungsgericht in Leipzig bestätigt. Erst der Kurfürst in Dresden wandelt am 16. 10. 1800 die Todesart in Enthauptung um.

Einen Monat später wird das Urteil vor den Toren Barbys vollstreckt. Der Zug zur Hinrichtungsstätte wird von sämtlichen Schulkindern Barbys in Begleitung aller Pastoren, der Bürgerwehr und zahlreicher Neugieriger gebildet. Viele Fremde sind eigens zu diesem Schauspiel nach Barby gekommen. Bis zuletzt hat die Frau gebeten, gebettelt und gefleht, daß nur einer von ihnen, entweder sie oder ihr Mann, hingerichtet würde, des minderjährigen Kindes wegen. Umsonst. Der Henker soll betrunken gewesen sein.

„Und stellen Sie sich vor", – ich habe das Gefühl, jetzt kommt das Schrecklichste von allem – „die Feuerspritze, die bei den Löscharbeiten 1798 zum Einsatz gekommen war, ein hölzerner Wagen mit Wassertank und Pumpe, ist 1945 nach dem Krieg zu Brennholz verarbeitet worden."

Magdeburg
Rückblick auf den technischen Fortschritt

„Den großen schreitenden Mann" vor der Liebfrauenkirche schuf Wieland Förster.

Drei aufeinanderfolgende Brücken überquert man, von Osten kommend, auf dem Weg in die Stadt. Die erste überspannt die Alte Elbe, die zweite den Zollhafen, die dritte und längste die Stromelbe. Von hier aus hat man den besten Blick auf das, was der Zweite Weltkrieg von Magdeburg übriggelassen hat: einige Kirchen und den alles überragenden Dom.

Der Rest ist größtenteils stalinistische und nachstalinistische Blockarchitektur in Plattenbauweise.

Schon einmal, während des Dreißigjährigen Krieges, war am Beispiel Magdeburgs demonstriert worden, daß sich Grauen auch in schreckenverwöhnter Zeit noch steigern läßt: 1631 drangen die Truppen General Tillys nach mehrmonatiger Belagerung in die Stadt ein, legten Feuer und schlachteten 20 000 Bürger. Nur ein Kloster und der Dom, in dem sich 4000 Menschen verschanzt hatten, entgingen der völligen Zerstörung.

Dieser Dom, als Wahrzeichen Magdeburgs und erster gotischer Kirchenbau auf deutschem Boden verehrt, hat bei den Elbschiffern zu allen Zeiten gemischte Gefühle ausgelöst. Von der Brücke aus gesehen scheint der Fluß breit und behäbig an Magdeburg vorbeizuströmen. In Wirklichkeit aber verengt sich die Fahrrinne unterhalb des Doms zum Nadelöhr der Elbschiffahrt. Das ganze Gewicht des Domes ruht nämlich auf einer Felsplatte, die sich unter der Wasseroberfläche weit ins Bett der Elbe vorschiebt.

Es hat nicht an Plänen gefehlt, den lästigen Felsen einfach zu sprengen. Die Gefahr, daß der Dom einstürzen könnte, hat aber auch Sozialisten davor zurückschrecken lassen. Nach wie vor ist die Dompassage nur im Einbahnverkehr, durch Ampeln geregelt, befahrbar. Die schwerregierbaren Schubeinheiten müssen bergauf zudem die Hilfe eines Vorspannschleppers in Anspruch nehmen – aus eigener Kraft kämen sie gegen den Druck der Strömung hier nicht an.

Seite 146/147: In Magdeburg kann der Vordergrund wechseln, so oft er will: Im Hintergrund bleibt immer der Dom sichtbar.

Der Magdeburger Dom gilt als der erste gotische Kathedralbau Deutschlands.

„Durch den Domfelsen nämlich gibt's den Pfeffer", hatte der Schiffer in Wehlen gesagt und sich mit sichtlichem Vergnügen dramatischer Minuten im Schatten des Magdeburger Doms erinnert. „Da konnte man als Talfahrer nicht einfach durchrauschen. Da wurden die Kähne vorher wie Hunde an die Leine gelegt und ließen sich dann vorsichtig durchsacken – und zwar rückwärts! Wem es nicht gelang, Kurs zu halten, der trieb quer zur Strömung vor die alte Strombrücke und hing da fest."
Es war daher kein Zufall, daß ausgerechnet die Magdeburger 1866 Zeugen der deutschen Uraufführung eines technischen Schauspiels wurden, das seit geraumer Zeit schon in England und Frankreich, in Belgien, den USA und auf dem Suezkanal erfolgreich gespielt wurde:
Ein unscheinbares schwarzes Schiff, einer riesigen Wasserschildkröte ähnlicher als einem Dampfer, nähert sich dem Domfelsen. Auf dem flachgewölbten, glatten Rücken sind lediglich ein Schornstein zu erkennen und eine rotierende, dampfbetriebene Trommel. Durch eine Führungsschiene an Deck rasselt unaufhörlich eine Eisenkette. Die Kette taucht vorne aus dem Wasser auf und versinkt hinten wieder im Fluß, nachdem sie mittschiffs über die rotierende Trommel gelaufen ist. An dieser Kette zieht sich das Schiff jetzt unbeirrbar und mühelos durch die Enge am Domfelsen hindurch. Nach einigen hundert Metern Fahrt kommt es wieder zurück, ohne gewendet zu haben, einfach so, im Rückwärtsgang. Beim nächsten Probelauf schleppt das Kettenschiff vier Lastkähne durch die kritische Enge, mit derselben Sicherheit wie zuvor. Die Generalprobe ist ein voller Erfolg.
Werften in Dresden, Rosslau und Magdeburg machen sich an die Produktion solcher Kettenschleppdampfer. Die ersten Typen kommen mit 60-PS-Dampfmaschinen aus, später wird ihre Leistung bis auf 260 PS gesteigert – immer noch wenig im Vergleich mit Raddampfern von ähnlicher Leistungsfähigkeit. Überhaupt scheinen die Kettenschiffe gegenüber Raddampfern nur Vorteile zu haben: mit ihren 50 Zentimetern Tiefgang sind sie noch bei ungünstigstem Wasserstand einsetzbar. Statt sechs Mann Besatzung haben sie zwei. Ihr Verbrauch beträgt ein Viertel der Kohle, die auf der gleichen Strecke in die Feuerungsanlage eines Raddampfers wandert. Gegen die Strömung können sie fast dieselbe Geschwindigkeit einhalten wie bergab. Und – nichts kann sie von ihrem Kurs abbringen. Endlich sehen sich die Reeder in der Lage, fahrplanmäßige Beförderung garantieren zu können. Endlich lassen sich Güter, die in den letzten Jahrzehnten an die Eisenbahn verloren gingen, wieder auf die Schiffe zurückholen. Um 1900 befahren 33 Kettenschiffe die Elbe, die Kette im Flußbett reicht von Hamburg bis Mělnik, sie hat eine Länge von 745 Kilometern. Nach diesem Vorbild wird die Kettenschiffahrt auch auf anderen deutschen Flüssen eingeführt, so auf Neckar und Main.
An das monotone Rasseln der Kette, das bis in die Wohnungen der Städte und Dörfer am Fluß dringt, kann man sich gewöhnen. Als ernsteres Problem jedoch stellt sich bald heraus, daß es nur eine einzige Kette gibt. Bergfahrer und Talfahrer hängen also am selben Strang. Bei einer Begegnung ist der Talfahrer gezwungen, sich von der Kette zu lösen. Beide ankern erst einmal, der Talfahrer löst ei-

nes der Kettenschlösser, die in regelmäßigen Abständen angebracht sind, nimmt die Kette von der Trommel, fügt sie am Schloß wieder zusammen und wirft sie in den Fluß. Ist der Bergfahrer vorbeigefahren, muß der Talfahrer die Kette im Flußbett suchen, herausfischen, öffnen, auf die Trommel ziehen und wieder schließen. Das dauert Stunden. Außerdem reißt die Kette beim Wechseln gelegentlich. Und sie versandet, vor allem im Unterlauf der Flüsse.

Die Umständlichkeit der Kettenschiffahrt wird auf die Dauer doch als lästig empfunden, um so mehr, als die Elbe inzwischen reguliert worden ist und eine ganz neue Generation von Raddampfern in Dienst gestellt werden kann, mit Maschinenleistungen bis zu 1000 PS, die zehn volle Kähne auf einmal schleppen. Um 1930 beginnt im Schiffbau dann die Umstellung von Dampf – auf Dieselantrieb – nachdem man einen Schraubentunnel erfunden hat, eine Verkleidung zum Schutz der Schraube auf der stellenweise immer noch sehr seichten Elbe. Die Kettendampfer wirken jetzt wie Reptilien aus der Urzeit. 1944 wird der letzte deutsche Kettendampfer bei einem Bombenangriff auf Magdeburg versenkt. Der letzte tschechische Kettendampfer läuft drei Jahre später auf Grund und säuft ab.

So jedenfalls lauteten meine Informationen. Ich hatte keine Hoffnung, von der Kettenschiffahrt noch etwas anderes zu Gesicht zu bekommen als Modelle in den Schiffahrtsmuseen und blasse Schemen auf alten Schwarzweiß-Fotos. Aber dann tauchten unterwegs Gerüchte auf, Gerüchte, die von einem allerletzten Exemplar am Elbufer im Süden Magdeburgs wissen wollten – in wer weiß welch unansehnlichem Stadium des Zerfalls womöglich, aber immerhin... Ich nahm mir vor, danach zu suchen.

Auf der Fahrt durch die Magdeburger Südstadt muß ich einsehen, daß meine Chancen gering sind. Die Hauptstraße erscheint endlos, und ständig führen Stichstraßen hinab zur Elbe. Zudem ist es spät geworden. Kurz vor Sonnenuntergang biege ich auf gut Glück in eine Seitenstraße ein, die sich am Ende in den ausgedehnten Uferwiesen verliert. Ein abendlicher Spaziergänger, der seinen Boxer ausführt, kommt mir entgegen. Wer sich nach etwas erkundigt, das seit 50 Jahren vom Erdboden verschwunden sein soll, riskiert Zweifel an seinem Verstand. Ich frage ihn dennoch. Und der Mann scheint in keiner Weise irritiert.

„Eben bin ich der Besitzerin begegnet", sagt er.

„Welcher Besitzerin?"

„Nun, der Besitzerin des Kettenschiffs, nach dem Sie fragen. Sie führt ihren Hund aus und wird in zehn Minuten wieder zu Hause sein."

Er beschreibt mir den Weg.

Zehn Minuten später läute ich an der Tür des einsamen Hauses am Ende der Straße. Von einem Kettendampfer ist nichts zu sehen. Die alte Dame, die mir öffnet, ist von meinem Wunsch zwar leicht irritiert, hält ihn aber nicht für unerfüllbar. „Kommen sie mit", sagt sie und weiht mich auf dem Weg in die Geschichte ihres seltsamen Erbstücks ein.

„Mein Vater ist Fährmann gewesen, mit der Hand hat er von Fermersleben nach Prester übergesetzt. Nebenher betrieb er eine schwimmende Badeanstalt auf der Elbe; da hat halb Magdeburg schwimmen gelernt. Und 1933 hat er dieses Kettenschiff gekauft,

Unbeachtet verfallen die Reste des letzten Kettenschiffes. Von Hamburg bis Böhmen reichte die Kette, an der sich die Schiffe flußauf und flußab zogen.

hinter der Badeanstalt an Land gesetzt und ein Bootshaus mit Kneipe daraus gemacht. Da liegt es."

Im Dämmerlicht nimmt zwischen den Stämmen eines Uferwäldchens eine bizarre Arche Noah Gestalt an, mit morschen Bretterverschlägen besetzt und hölzernen Aufbauten verkleidet, aus denen die Fenster herausgefallen sind, am Bug der kaum noch lesbare Schriftzug „Wirtshaus an der Elbe". Niemals hätte ich dieses Gespenst eines Schiffes für einen Kettendampfer gehalten. Jetzt immerhin erkenne ich die typisch gerundete Bug- und Heckpartie, den flachen Boden und eine Ankerhaltung.

„Heute ist alles verwildert und zerstört", sagt sie müde. „Aber in den fünfziger Jahren hatten wir viele Sommergäste, überall unter den Bäumen hier standen Lauben und kleine Bootshäuser, und abends traf man sich im Wirtshaus auf dem alten Kettenschiff, wo ich zusammen mit meinem Mann hinter dem Tresen stand und Bier zapfte."

Die Sommergäste sind alle abgewandert zu den Baggerseen der Umgebung. Die schwimmende Badeanstalt fiel 1942 schon einer Brandbombe zum Opfer. Der Fährbetrieb ist seit langem eingestellt. Und nur die alte Dame lebt noch in dem einsamen Haus, in der nicht ganz geheuren Nachbarschaft ihres

1974 wurde er außer Dienst gestellt und zum Museums- und Gaststättenschiff umgebaut: der letzte Seitenradschleppdampfer auf der Elbe.

verfallenen Wirtshauses auf ihrem verrosteten Kettenschiff.

Am nächsten Morgen mache ich im Magdeburger Zollhafen eine Entdeckung, die mich nicht weniger überrascht. Zwischen Motorbooten, Baggern, Pontons, Schwänen und Möwen liegt dort ein graues, schwerfällig wirkendes Schiff mit einem seitlichen, offenbar fahrbaren Turm, gespickt mit Winden und Ankern. Ein junger Mann arbeitet an Deck, der keine Einwände dagegen erhebt, daß ich an Bord komme – und meine Vermutung bestätigt: „Ja", sagt er, „das ist ein Taucherschiff. Aber eins aus Kaiser Wilhelms Zeiten. 1898 gebaut."

„Und immer noch betriebsbereit?"

„Immer noch in Betrieb. Hier ist ständig jemand in Bereitschaft für den Fall, daß eine Taucherglocke gebraucht wird."

Ich überlege, zögere – und dann lasse ich den Mann einen Blick in mein Innerstes werfen, wo sich seit langem der Wunsch regt, mit einer Taucherglocke auf den Grund eines Flusses zu fahren. „Das läßt sich machen", sagt er. Damit habe ich nun wirklich nicht gerechnet.

Unten im Maschinenraum legt sein Kollege zwei schwere Hebel um, ein Brausen ertönt, ein Pfeifton schrillt, und dann lassen wir uns durch eine enge Luke im Dach des fahrbaren

Turms in die erste Kammer hinab. Mein Begleiter verriegelt die Einstiegsklappe luftdicht, steigt dann über die schmale Eisenleiter herab und dreht ein Ventil auf. Bevor wir in die untere Kammer einsteigen, muß in der Glocke Überdruck erzeugt werden. Der Schacht scheint sich in Bewegung gesetzt zu haben, ein konstantes Dröhnen erfüllt die Kammer. Mein Begleiter kurbelt jetzt an einer Winde, eine Luke im Boden öffnet sich, er schlüpft hindurch und taucht in völlige Finsternis ein. Als es unten hell wird, folge ich ihm. Die untere Kammer ist vielleicht drei Meter lang und zwei Meter breit. Nackte Eisenwände mit Bodenplatten links und rechts. Dazwischen nichts – Wasser. Das Dröhnen ist hier unten um ein Vielfaches lauter, die Hitze kaum zu ertragen. Ich starre in den schwarzen Ausschnitt zu meinen Füßen, in dem sich der Suchscheinwerfer als gleißendheller Lichtfleck spiegelt. Minutenlang. Millimeter für Millimeter geht es in die Tiefe. Plötzlich zieht sich das Wasser von der Mitte des Ausschnitts aus zurück, der Reflex des Scheinwerfers zerstreut sich in zahllosen Funken über den schlickartigen Grund.

„Welche Tiefe haben wir erreicht?" frage ich.

„60 Zentimeter", lautet die Antwort. Eine ernüchternde Nachricht.

„Drei Meter Tauchtiefe sind möglich", fährt er fort, „für die Elbe völlig ausreichend. Eingesetzt wird das Taucherschiff überall da, wo die Strömung für Taucher zu stark ist. Es ist übrigens kein Selbstfahrer, es muß zum Einsatzort geschleppt werden. Es arbeitet dann fast wie eine Gierfähre: An einem Drahtseil hängend fährt es quer zur Strömung langsam über den Grund, der immer nur in diesem vier Quadratmeter großen Ausschnitt erscheint – eine langwierige Prozedur, aber gründlich."

„Und was finden Sie?"

„Meistens Anker. Oder Sachen, die die Menschen nicht mehr brauchen: Fahrräder, Fernseher, Autos. Oder wir bohren Findlinge an, die die Fahrrinne versperren, um Sprengladungen anzubringen. Einmal haben wir ein Stück Kette von der Kettenschiffahrt geborgen, eineinhalb Kilometer lang. Und zwischen 1963 und '65 ist von der Taucherglokke aus am Domfelsen gemeißelt worden. Mit Preßlufthämmern haben sie damals tischplattengroße Schollen vom Felsen in der Flußmitte gelöst, Nacht für Nacht, um die Schiffahrt nicht zu behindern. Mit dem Erfolg, daß die Fahrrinne danach nicht mehr 30, sondern 40 Meter breit war."

Die Hitze ist jetzt unerträglich geworden, auf ein Zeichen hin setzt sich die Glocke wieder in Bewegung. 60 Zentimeter tief zu tauchen kann sehr ungemütlich sein – wenn man sich dazu einer Taucherglocke aus dem 19. Jahrhundert bedient.

Vergangenheit und Zukunft der Elbe liegen in Magdeburg dicht beieinander. Seit 1990 hat das Sekretariat der Internationalen Kommission zum Schutz der Elbe hier seinen Sitz, in einem klassizistischen Palais am Domplatz. Dort werde ich ohne bürokratische Verzögerungen vorgelassen.

„Was ist von der Behauptung eines Fischers zu halten, das Elbwasser sei seit der Wende wesentlich klarer geworden?" möchte ich wissen.

Mein Gesprächspartner nickt kräftig. „Das stimmt. Die Elbe ist so sauber wie seit 40 Jahren nicht mehr. Das liegt einfach daran, daß auf dem Gebiet der ehemaligen DDR die Zell-

Noch immer betriebsbereit liegt im Magdeburger Zollhafen das älteste Tauchschiff Deutschlands. 1898 gebaut, sind Schiff und Taucherglocke eigentlich ein Museumsstück.

stoffwerke stillgelegt wurden, die Chemiefabriken auf Sparflamme arbeiten und neuerdings phosphatfreie Waschmittel benutzt werden. Natürlich ist die Elbe dadurch kein sauberer Fluß geworden. Industrien in Pardubice, Ústi, Wittenberg, Riesa und Magdeburg benutzen den Fluß ja weiterhin als Lösungsmittel für ihre Schadstoffe."

„Derselbe Fischer behauptete auch, daß es in der Elbe von Fischen wimmele."

Der Mann am Schreibtisch lehnt sich zurück, ein Bild der Zuversicht: „Ihr Fischer hat recht, die Elbe lebt. Und ich bin sicher – noch vor dem Jahr 2000 werden wir wieder Elbfisch essen können!"

Am Unterlauf: Wie kommt der Walwirbel nach Wilsnack?

Wie das Refektorium, ist das gesamte Kloster Jerichow heute Museum – bis auf einen Seitenflügel, in dem eine Destille arbeitet.

Die nächsten 200 Kilometer, denke ich, wird man guten Gewissens überspringen können. Der Karte nach zu urteilen kommen bis Hamburg nur noch Kleinstädte und Dörfer wie Jerichow, Werben, Arneburg, Wilsnack und Dömitz – Namen, die schon drei Orte weiter höchstwahrscheinlich kaum noch jemand kennt. Jerichow, immerhin, ist ein merkwürdiger Name. Er klingt biblisch, sieht aber slawisch aus. In Jerichow sollte man sich vielleicht einmal umhören.

Seite 156/157: Der letzte deutsche Kaiser befahl den Bau der Dömitzer Eisenbahnbrücke – Majestät wollten schneller und bequemer zur Jagd in die Göhrde reisen können.

Vom Hochufer bei Ferchland aus sehe ich die Elbe wieder – zum ersten Mal seit Magdeburg. Am Rand der steilen Uferböschung, zwischen Hängebirken und Ginstergebüsch, ist ein Tisch aufgestellt und eine Sitzbank mit Blick auf die melancholisch-schöne Flußlandschaft. Eine blaugemusterte Decke flattert, mit Klammern an die Tischplatte geheftet, im Wind. Die Kulisse wird von der Elbe souverän beherrscht, alte Flußarme liegen erschlafft zwischen Sandbänken und Wiesen, vereinzelte Baumgruppen erscheinen als Spiegelbilder am Rand der metallisch-glatten Oberfläche des Stroms wieder. Der Ruhe des Bildes entspricht eine große Stille.

Mit dem alten Hansestädtchen Tangermünde ist der Norden Deutschlands erreicht.

Hierhin möchte man, mit einer Flasche Wein, zur Zeit des Abendbrots zurückkehren.
Jerichow ist in der Tat eine sehr kleine Stadt. Am nördlichen Ortsausgang aber steht eine weinrote, spätromanische Backsteinbasilika, die den kleinstädtischen Rahmen sprengt. Aus einem Fenster des angrenzenden Klosters dringen weißer Qualm und der Geruch fauler Rüben.
„Das ist die Destille", erklärt der Herr, der mir öffnet und eine Klosterführung anbietet. „1552 ist das Kloster aufgelöst worden. Danach war es eine Brauerei. Und heute wird da reiner Alkohol erzeugt." Doch lediglich in einem Seitenflügel. Der Rest des Klosters ist ein Museum, in dem die Geschichte des Prämonstratenserklosters von Jerichow erzählt wird, gegründet 1144.
Die Prämonstratenser waren ein exklusiver Prediger- und Priesterorden – die rechten Männer also, um Slawen zum Christentum zu überreden, nachdem sie sich vom Schwert nicht hatten überzeugen lassen. Das neue Verfahren zeigte sich dem alten überlegen. Dort, wo die Botschaft der Prämonstratenser auf offene Ohren stieß, durfte alles andere beim alten bleiben: die Ortsnamen genauso wie die lokalen Autoritäten. Jerichow selbst ist eine slawische Burganlage gewesen, deren Name „Jerchow" sich von „jerch", einer

Getreideart, ableitete. Als Christen haben die Einwohner später wohl nicht der Versuchung widerstehen können, durch ein eingeschmuggeltes „i“ die assoziativen Möglichkeiten des Namens auszuschöpfen.

Kloster und Kirche von Jerichow wirken im Innern allein durch ihre nackten Ziegelmauern großartig und erhaben. Diese Ziegel hatten die ersten Mönche mühsam auf kleinen Holzkohlefeuern gebrannt. Bruchstein ist am Unterlauf der Elbe rar – in Jahrtausenden jedoch hatte der Fluß auf der ganzen Breite seines Urstromtals Tonböden freigespült, die den Mangel an Steinen ausglichen und einen Baustoff von zunächst ungeahnter Vielseitigkeit lieferten.

Im Heimatmuseum der Nachbarstadt Tangermünde kann man die Fortschritte bestaunen, welche die Ziegelbrenner in den nächsten dreihundert Jahren machten: raffiniert gewinkelte, verspielte Formsteine aus glasiertem Ton, handsigniert wie Kunstwerke. Welche optischen Wirkungen sich mit diesen Bauelementen erzielen lassen, dafür liefert das Gebäude, in dem das Museum untergebracht ist, den schönsten Beweis: das Rathaus von Tangermünde. Wie Lanzen stechen die rot-weiß-gebänderten Pfeiler seiner Fassade in den blauen Frühsommerhimmel, die spitzen, gezackten Giebel dazwischen scheinen über filigranen, sonnenlichtdurchfluteten Rosetten zu schweben. Das Rathaus wirkt kompakt und schwerelos zugleich – zweifellos eines der architektonischen Glanzlichter am Lauf der Elbe.

Im Abendlicht flimmern die Mauern der Johanniskirche in Werben.

Als Votivgabe aus Skandinavien gelangte der „rastende Christus“ nach Wilsnack.

Ein Storch segelt durch die Hauptstraße auf den Marktplatz zu, schwingt sich dann in die Höhe und landet in seinem Nest auf dem Rathausdach. Sein Klappern durchdringt den Marktlärm auf dem Rathausvorplatz und das Geschrei der westdeutschen Autopflegemittelverkäufer unter dem steinernen Baldachin der alten Gerichtslaube. Der geschäftige Trubel paßt gut zu der mittelalterlichen Fachwerkkulisse der alten Hansestadt. Nach den Plänen Kaiser Karls IV., dessen weinstockbewaffnetem Standbild ich in Mělnik begegnet bin, sollte die kleine Stadt an dem wichtigen Elbübergang die Rolle des entscheidenden Bindeglieds zwischen Böhmen und den reichen Handelsstädten an Nord- und Ostsee übernehmen. Um ihren Ausbau zum zentralen Güterumschlagplatz zwischen Hamburg und Prag zu überwachen, verlegte Karl nach 1373 seinen Hof zeitweilig sogar von Prag nach Tangermünde. Er starb, bevor er seine Elbpläne verwirklichen konnte. Immerhin ist Tangermünde noch zu Beginn dieses Jahrhunderts einer der Hauptumschlagplätze Norddeutschlands für Zuckerrüben und böhmische Braunkohle gewesen, und das mächtige Gebäude der alten Zuckerfabrik am Elbufer fügt sich gar nicht schlecht in die Märchenkulisse aus Türmen, Toren und Stadtmauern, zu der sich Tangermünde im Rückspiegel verdichtet, während ich über die lange Elbbrücke in Richtung Schönhausen davonfahre.

Ein unauffälliger Ort, dieses Schönhausen, den man keines Blickes würdigen würde – wären da nicht die Schönhauser Straßen in vielen westdeutschen Städten, die alle kein anderes Schönhausen meinen als dieses hier an der Elbe. Genauso wie im Fall der Königgrätzer Straßen hat allerdings nicht der Ort selbst den Ausschlag für die Namenswahl gegeben – sondern Otto von Bismarck, der 1815 in Schönhausen zur Welt gekommen ist.

Ich nehme die Spur der Bismarcks in der Dorfkirche auf, deren breiter, gedrungener Turm sich wie ein Prellbock schützend vor das Kirchenschiff stellt. Die Nachbarsfrau, welche die Schlüsselgewalt über die Kirche hat, ist eine bismarckbewanderte Führerin.

„Die Schönhauser Kirche ist die größte Dorfkirche der Altmark. Da oben, hinter der Holzballustrade, ist die Bismarckloge. Die zwei ledernen Ohrensessel hier unten standen früher oben in der Loge, in denen ließ sich der Predigt leidlich ermüdungsfrei folgen. Hier ist das Taufbecken, in dem der Fürst getauft wurde, und der Mann auf dem Gemälde dort hinten ist Pastor Petri, der die Taufe vollzog. Unserem jetzigen Pastor ist das zu viel Bismarck in seiner Kirche, deswegen hat er ihn in die dunkelste Ecke verbannt. Da vorne, am Hochaltar, hängt sogar das Bismarcksche Familienwappen, was da nun eigentlich wirklich nicht hingehört."

Sie verschließt die Kirche hinter uns wieder, verweilt aber noch bei ihrem Thema. „Das ist ja heute gar nichts mehr im Vergleich zu vor dem Krieg. Da hieß hier doch alles nach dem Fürsten. Haben Sie die Gaststätte „Fortschritt" gesehen? Wie haben die unter diesem Namen gelitten! Das ist doch das „Hotel Zum Fürsten Bismarck" gewesen. Aber nach dem Krieg war Bismarck plötzlich ein Revisionist und eine Schande fürs Dorf. Da kamen Handwerker und meißelten die Buchstaben ab. Als die Buchstaben weg waren, konnte man den Namen immer noch lesen. Da haben sie ein Brett darübergenagelt. Fortan hieß es bei uns „Hotel zum Brett".

Erst später verfielen sie dann auf „Fortschritt", wahrscheinlich zur Sühne."

In der Schänke zum „Fortschritt" sitzen um die Mittagszeit junge Paare in Arbeitskleidung an vollen Tischen, man redet laut, man ist zu Hause. Ich komme mit der Wirtin ins Gespräch.

„Vor ein paar Jahren", sagt sie mit leiser Stimme, „haben uns zwei von den Bismarcks besucht – und wir hatten keine Bismarckbüste im Haus! Da haben wir uns heimlich die aus der Apotheke geliehen und hier aufgestellt. Hinterher mußten wir sie wieder zurückbringen." Sie geht in den Nebenraum und

kehrt mit einer kleinen bronzierten Gipsbüste zurück, Bismarck mit Eichenlaub über der Brust.
„Wir haben daran gedacht", sagt sie mit einem Lächeln, in dem ein Quentchen Seligkeit liegt, „wir haben daran gedacht, unser Haus wieder umzubenennen, so wie es früher hieß, „Zum Fürsten Bismarck". Und dann stellen wir diese Büste hier auf, so, daß sie jeder sehen kann."
Der Bismarck des Apothekers allerdings ist schöner: eine weiße Gipsbüste auf kurzem Sockel, mit wehenden Rockaufschlägen und lockerem Knoten im Halstuch, Bismarck privat. Sie ist ein Original aus dem letzten Jahrhundert. Sie steht hoch oben auf dem Arzneimittelschrank, und das schrägeinfallende Sonnenlicht hüllt sie in einen magischen Glanz. Solange der Apotheker redet, schaut er unverwandt zu dieser Büste auf.
„An dem Tag, als sie sein Schloß gesprengt haben, kamen Soldaten vorgefahren. Der Bürgermeister wußte von nichts. Kurz zuvor hatten russische Soldaten noch das Dach repariert. Wir haben protestiert – das war völlig zwecklos. Der Befehl kam von ganz oben. Geschehen ist es am 2. August 1958." Er wendet sich mir zu. „Auch diese Apotheke hieß früher „Bismarck-Apotheke". In der DDR wurde dann behördlicherseits der Name „Fontane-Apotheke" verfügt. Na, wissen Sie, das ist so falsch nicht, hier, in der Mark. Und es muß ja auch nicht alles wieder „Bismarck" heißen, so wie früher. Wenn sie genaueres erfahren wollen – wir haben einen regelrechten Bismarckexperten bei uns im Dorf."
„Es sieht so aus", sage ich abends im Gespräch mit dem für seine Bismarckstudien bekannten Bürger Schönhausens, „als habe die SED alles darangesetzt, den Schönhausern Bismarck auszutreiben."
„Auf höherer Ebene, ja", ist die Antwort, „auf lokaler Ebene, nein. Natürlich ist es erklärte Absicht der SED gewesen, Bismarck aus der Welt zu schaffen. Bismarckwappen und -bilder in der Kirche beispielsweise sollten zerstört werden. Der Einspruch des Pastors hat das verhindert. Dann sollte nach dem ersten auch das zweite Herrenhaus der Bismarcks gesprengt werden. Da haben unsere Handwerker aber die Partei der Arbeiterklasse überlistet. Als der Plan ruchbar wurde, haben sie in Feierabendarbeit das Herrenhaus zur Schule umgebaut. Und eine Schule sprengen – das haben sie dann doch nicht gewagt. Auf dem Schulhof aber hatte, bis 1978 unbemerkt, ein gußeiserner Fahnenmast mit Bismarckwappen überlebt. Als das rauskam, wurde er gefällt.
Wissen Sie, Bismarck ist für uns nicht nur der Reichskanzler gewesen. Von 1846 bis 1849 bekleidete er hier das Amt des Deichgrafen. Und ein Deichgraf, das ist in dieser Gegend eine ernste Angelegenheit. Bei der großen Flut von 1845 war es zum Deichbruch gekommen – eine Katastrophe für Schönhausen. Danach setzte der junge Otto alles daran, den Posten zu bekommen. Er war ja damals noch ein Niemand, und Deichgraf zu werden, bedeutete für ihn den ersten Karrieresprung. Er hat dann auch regelmäßig stundenlang Kontrollritte unternommen und einen neuen Deich errichten lassen gegen den Willen der Bauern, die etwas von ihrem Land dafür hergeben mußten. Wie er mit den Bauern fertig geworden ist, das war typisch für ihn: Er schließt sich zusammen mit ihnen in einer

Kneipe ein, frühstückt ausgiebig, er hat ja Zeit, holt anschließend seine Pfeife raus, beginnt zu rauchen und redet so lange auf sie ein, bis alle weich sind."

Zum Abschied führt er mich in die Garage neben seinem Haus. Das Licht geht an, und vor mir steht eine Art Presse neben einem Tisch, auf dem sich dichtgestaffelt die Bismarckbüsten drängen – überwiegend in der bronzierten Version, einige aber auch in der Natur-Gips-Fassung. „Die Metallackierung ist mein Geheimnis", sagt er. „Mit dieser Produktion habe ich die ganze Bismarckliteratur finanziert, die ich mir angeschafft habe. Meine Bismarcks werden bei Ihnen im Westen inzwischen teuer gehandelt."

Hinter Schönhausen beginnt ein Land, das mit allem Recht das Prädikat „abgeschieden" für sich beanspruchen darf. Die Dörfer dieser Gegend sehen nach Feldarbeit auf sandigen Böden aus und haben mit den Wochenendresidenzen gärtchenverliebter Großstädter im Westen der Republik nichts gemein. Die Kommunikation mit dem Durchreisenden findet hier auf handbeschriebenen Pappschildern an den Alleebäumen statt: „Honig", liest man im Vorüberfahren, „Kaninchen", „frische Eier" oder „Vorsicht, Viehtrieb!" Und die Elbe fließt durch Landschaften, in denen sich vulgäre friesische Rinder in heilige Kühe verwandeln, so feierlich still, so idyllisch sind sie.

Hätte man mir in Tangermünde nicht den Tip gegeben, ich wäre an Werben vorbeigefahren. So bin ich spätnachmittags der einzige Interessent für eine Kirchenbesichtigung.

Die Außenwände der monolithischen Backsteinkirche unter dem gewaltigen, orangeroten Ziegeldach flimmern im Abendlicht unter einer hauchdünnen Moosschicht. In beträchtlicher Höhe, für mich eben noch lesbar, ist eine Gedenktafel angebracht: „Am 27. Juli 1631, bei der Beschießung der Stadt durch General Tilly, schlug hier eine Kanonenkugel ein." Die Erwähnung einer einzelnen Kanonenkugel im Jahr des Untergangs von Magdeburg hat für mich einen Beigeschmack von Wehleidigkeit. Der Kirchenführer, der inzwischen mit Schlüssel und Opferkästlein eingetroffen ist, klärt mich über das tatsächliche Schicksal Werbens auf.

„Bis zum Dreißigjährigen Krieg ist Werben die reichste Gemeinde Norddeutschlands gewesen, eine bedeutende Hansestadt mit 3500 Seelen. Hier saßen die Johanniter, also jener Orden, der die unermeßlichen Reichtümer der Tempelritter geerbt hatte, nachdem der französische König deren Orden zerschlagen hatte. Wegen der Furt hier in der Nähe war die Stadt dann während der vollen 30 Jahre des Krieges hart umkämpft. Als der Krieg zu Ende war, lebten in Werben noch etwa 100 Menschen."

Der Kirchenraum, der allein schon durch seine Ausmaße alle Erwartungen übertrifft, scheint in Flammen zu stehen. Durch hohe bleigefaßte Buntglasfenster fällt das Licht der untergehenden Sonne tief ins Kirchenschiff hinein, so daß die Ziegel der Wände und Säulen wie Feuer glühen. Der Eindruck ist überwältigend.

„Die ältesten Fenster sind von 1380, die jüngsten aus dem 17. Jahrhundert. Das Chorgestühl der Ordensbrüder hier und an der Wand gegenüber ist von 1420. Jeder Ordensbruder saß unter dem Bild eines Heiligen. Auf unserer Seite beginnt die Reihe mit Jesus, und gegenüber mit – Martin Luther. Der Re-

Bis 1552 war Wilsnack mit seiner Wunderblutkirche der viertgrößte Wallfahrtsort der Welt – nach Rom, Jerusalem und Santiago de Compostela.

formator stellt natürlich eine nachträgliche Korrektur der Heilsgeschichte dar: Bei einer Restaurierung 1869 hat man die Gottesmutter einfach übermalt und durch Luther ersetzt."

Die Kirche ist ein Tresor, aus dem der Führer unaufhörlich neue Schätze zu Tage fördert. Eine Art Wanduhr hängt neben der aus Elbsandstein gehauenen Kanzel. Eine Uhr mit einem einzigen Zeiger und dem Bild einer Kirche am Fluß anstelle des Ziffernblatts. „Eine Predigtuhr, in Deutschland einmalig. Sie läuft nur eine Stunde lang. Nach jeder Viertelstunde schlägt sie unüberhörbar an. Und nach dem vierten Schlag weiß der Pastor, daß er langsam zum Schluß kommen muß. Der Rahmen des Altarbildes von 1430 war ursprünglich mit Edelsteinen besetzt. Sie sehen noch die Vertiefungen ringsum. Die Steine haben die Soldaten Napoleons mitgehen lassen, die die Kirche zeitweilig als Pferdestall benutzten."

Er deutet auf einen prachtvollen, übermannshohen fünfarmigen Leuchter. „Vor 500 Jahren in Hamburg aus Messing gegossen und so schwer, daß er per Schiff nach Werben gebracht werden mußte. Diesen Leuchter wollten die Franzosen ebenfalls gern mitnehmen, sie haben ihn aber nicht von der Stelle bewegen können. Daraufhin

haben sie ihn, wohl aus Wut, wenigstens etwas beschädigt."
Allmählich verglimmen die Glutreste der untergehenden Sonne oben an den gerippten Pfeilern. Zusehends weicht die Farbe aus den Fassaden der Fachwerkhäuser am Kirchplatz. Wie die Bilder eines traumhaften Films begleitet mich die Erinnerung an die Johanniskirche auf dem Weg zur Fähre.
Daß die Kirche von Bad Wilsnack am nächsten Morgen ebenfalls zwischen den Fachwerkhäusern der menschenleeren Hauptstraße liegt wie ein gestrandeter Wal unter Heringen, kann mich nun nicht mehr so sehr überraschen. Daß Bad Wilsnack aber, wie auf einer Tafel vor der Kirche zu lesen, der größte Wallfahrtsort Nordeuropas gewesen sein soll, verschlägt mir die Sprache. In meinem ganzen Leben habe ich von einem Bad Wilsnack noch nichts gehört.
Das Lächeln der Pastorenfrau, die mich zweifellos in neue Geheimnisse einweihen wird, verrät einen Anflug von Stolz: „Wir Brandenburger gelten ja als etwas trocken. Aber Sie werden staunen, was wir alles zu bieten haben."
Und ich staune, wie ich am Tag zuvor in Werben gestaunt habe: Im Jahre 1383 setzen die Mannen des Ritters von Bülow die alte Dorfkirche in Brand. In der folgenden Nacht erhält der Priester im Traum den Befehl, zum Ort des Frevels zurückzukehren. Und siehe, unter den rauchenden Trümmern entdeckt er die Hostie, besprenkelt mit Blut, das nicht abläuft, egal, wie man sie dreht und wendet. Die Wunderblutkirche von Wilsnack entwikkelt sich in kurzer Zeit zum viertgrößten Wallfahrtsort der Welt – nach Rom, Jerusalem und Santiago de Compostela. Und wie nach Santiago führen auch nach Wilsnack feste Routen für die Pilger, die aus Ungarn und Böhmen, aus Rußland und Skandinavien herbeiströmen. „In Lübeck steht noch heute ein Wegweiser mit der Aufschrift „To Wilsnak, orate ibi pro nobis". Die Pastorenfrau öffnet einen Wandschrank in der Sakristei und zieht einen Walwirbel hervor, nicht viel kleiner als ein Mühlstein und nicht viel leichter. „Das Geschenk eines norwegischen Pilgers." Über dem Wandschrank dann der Wunderblutschrein, in dem die unbezahlbare Hostie, dreifach gesichert hinter Schloß und Riegel, aufbewahrt wurde.
„Bis 1552", sagt die Pastorenfrau. „Da hat der Priester Ellefeldt, vom Geist der Reformation ergriffen, dem ganzen Zirkus mit einem Schlag ein Ende gemacht und die Hostie einfach verbrannt – ganz im Sinne Luthers, der gegen die Wunderblutkirche jahrelang Sturm gelaufen war. Ellefeldt wurde zwar noch verhaftet. Die Reformation hatte in unserer Gegend aber inzwischen so viele Gemüter ergriffen, daß niemand in seiner Tat mehr ein Verbrechen sehen wollte. Man ließ ihn bald wieder laufen."
Wahrscheinlich ist es so gewesen, daß in den protestantischen Jahrhunderten, die folgten, auch in Wilsnack selbst niemand mehr an den alten faulen Zauber erinnert werden wollte, mit Sündenwaage, blutigen Hostien und albernen Prozessionen – immer im Kreis um die Wunderblutkirche herum. Wilsnack wurde eine Stadt wie jede andere.
Die Fähre, die zwischen Lenzen und Gorleben verkehrt, transportiert neben Fahrzeugen und Menschen auch den neuen Geist: Sie wirbt für ein Kreditinstitut.
Am anderen, einstmals bundesdeutschen

Die Dömitzer Fähre gehört zu den fünf neuen Fährverbindungen, die seit 1990 für ungewohnte Bewegungsfreiheit zwischen Ost- und Westufer sorgen.

Ufer liegt das Wendland, das Land der slawischen Wenden, die hartnäckiger als die weiter südlich an der Elbe siedelnden Slawen ihre Sprache zu bewahren wußten. In der Mitte des 18. Jahrhunderts verschied die letzte Bewohnerin wendischer Zunge, nachdem sie dem König von Preußen eine Kostprobe ihrer sterbenden Sprache geboten hatte.

Doch was dem König von Preußen vergönnt war, ist auch dem heutigen Reisenden noch möglich. Um 1720 nämlich faßte der Bauer Parum Schultze, Sohn eines Wenden, den unerhörten Entschluß, ein Buch zu schreiben. Und er schrieb – ein Buch über das Leben der Bauern im Wendland nach dem Dreißigjährigen Krieg mit einem Lexikon der wendischen Sprache. Er tat das in der erklärten Absicht, die Sprache seines Vaters, mit der auch er noch aufgewachsen war, der Nachwelt zu erhalten, denn es sei „eine schwere Sprache zu reden und eine schwere Sprache zu schreiben." Und wenn man heute einen Knopf im Parum-Schultze-Raum des Wendlandhofs zu Lübel drückt, ertönt das Vaterunser, so wie es die Wenden vor 300 Jahren sonntags in den kleinen Fachwerkkirchen des Wendlands gesprochen haben:

Noos wader tada töjis wattuem nibisien
sjoncta mowardoot tui
seimang tui Rieck cumma...

Auf der Fahrt nach Dannenberg zum Grab des Heldenmädchens Eleonore Prochaska fällt mir auf, daß unter allen Geschichten, die mir auf dieser Reise begegneten, nicht eine Liebesgeschichte war. Sind an der Elbe die Liebesgeschichten besonders rar? Liegt es an mir, daß ich so oft auf Spuren von Krieg und Untergang, so selten auf die Spur glücklicher Tage stoße? Oder ist es dem öffentlichen Gedächtnis anzulasten, wenn nur die Erinnerungen an Schrecken sich erhalten und die Details des Schauerlichen? Fällt das Gelingen dem Unglück gegenüber nach kurzer Zeit schon nicht mehr ins Gewicht?
Sicher, auch die Geschichte der Eleonore Prochaska kann man als Liebesgeschichte verstehen, als Vaterlandsliebesgeschichte, als Freiheitsliebesgeschichte. Aber auch hier hat sich das Interesse der Chronisten und die Phantasie der Künstler nur an den letzten Lebensaugenblicken entzündet: Wie sie, als Lützowscher Jäger, unerkannt von ihren Kameraden, zum Angriff auf die französische Kanone trommelt, wie die Kanone, kurz bevor sie erobert wird, ein letztes Mal in die Angreifer feuert, wie die Kugel den Trommler niederstreckt, der, tödlich getroffen, dem nächsten Offizier zuruft: „Herr Leutnant, ich bin ein Mädchen!"
Unter dem Decknamen August Renz war Eleonore Prochaska dem Lützowschen Freikorps beigetreten – im freiheitsberauschten Deutschland bekannt geworden durch eine trotzige Hymne Theodor Körners als „Lützows wilde, verwegene Jagd". Die knapp 3000 Mann dieses Freikorps verstanden sich als Avantgarde eines nationalen Volksheers; ihr Ziel war es, Napoleon und die Franzosen aus Deutschland zu vertreiben. Die achtundzwanzigjährige Eleonore war wohl besonders heftig von diesem Freiheitsfieber befallen. Monatelang vermochte sie ihre Identität vor ihren Kameraden zu verbergen. Das Gefecht vom 16. September 1813 war nicht ihr erstes. Aber in einer solchen Schlacht hatte sie noch nicht gestanden, der schwersten, die im ganzen norddeutschen Raum gegen die Franzosen ausgetragen wurde. Erstmals wurden hier, unweit des Dörfchens Göhrde, Raketen auf deutschem Boden eingesetzt. Gegen Abend war die Schlacht entschieden, das französische Heer geschlagen und auf der Flucht. Und Eleonore Prochaska lag mit zerschmettertem Schenkel unter den Sterbenden – „der schneeweiße Busen verriet in pochenden Schlägen das jungfräuliche Heldenherz."
Auf dem kleinen Sankt-Annen-Friedhof am Ortseingang von Dannenberg wird sie durch einen Obelisken geehrt, der sich von seinesgleichen auf dem Schlachtfeld von Königgrätz kaum unterscheidet. Nur daß die Inschrift einer Frau gedenkt, die schon bei ihrer Beerdigung den naheliegenden Vergleich mit Jeanne d'Arc provozierte. Es dauerte nicht lange, bis patriotische Dichter das Thema aufgriffen, und Ludwig van Beethoven höchstselbst lieferte die Begleitmusik für ein Trauerspiel, das ihren Namen trug.
Auch dies also keine Liebesgeschichte. Bleibt nur noch, Hamburg und die Mündung abzuwarten.

Zur Unberührtheit der Flußlandschaft im Hannoverschen Wendland haben auch jene 40 Jahre beigetragen, in denen die Elbe Grenze gewesen ist.

Hamburg: Die Elbe begegnet Vasco da Gama

Man weiß ja, wie es ausgeht. Daß die Elbarme schon auf der Höhe von Altona wieder zusammenfinden, zurückströmen in ein einziges Bett, daß der Fluß im weiteren Verlauf keine Ausweichmanöver mehr nötig hat und sich am Ende, zu majestätischer Breite angeschwollen, durch ein weitaufgerissenes Maul in die Nordsee ergießt. Aber hier, an der Bunthäuser Spitze, muß man um das Finale noch bangen. Daß sich die Elbe lange vor der Küste auflösen könnte in ein Netz kleinerer Wasserstraßen, so wie der Rhein, oder in ein Gewirr von Kanälen und schlingernden Wasserläufen wie der Ebro und die Donau – in ein Delta, das den Fluß im Zustand der Erschöpfung zeigt. Denn die Bunthäuser Spitze am Ausläufer der Insel Moorwerder teilt die Elbe in zwei etwa gleichstarke Arme, die Norder- und die Süderelbe, und beide werden durch die makellose Geometrie der Deiche rasch dem Blick entzogen.

Ein scharfer Wind kräuselt die Oberfläche des Flusses und fährt hart in das Schilfgestrüpp links und rechts des langen Damms, auf dem eine schmale Allee bis zu dem grünweiß gestrichenen Holztürmchen mit dem roten Laternenaufsatz an der äußersten Spitze verläuft. Vermutlich werden die Schiffe heute durch unauffälligere Signale an der Insel vorbeigelenkt werden, denn der Leuchtturm scheint außer Betrieb zu sein.

Eine eigentümliche, erfüllte Einsamkeit empfindet man hier, mit der Millionenstadt Hamburg im Rücken, die als entferntes Brausen in der Luft liegt. Erfüllt von der Erinnerung an jeden einzelnen Augenblick eines fast 1000 Kilometer langen Laufs, an die bedrohte Schönheit der böhmischen Städte, das Stakkato der zerklüfteten Felsen in der sächsischen Schweiz, die Lieblichkeit der Weinberge Meißens, die satte Pracht der Wittenberger Uferauen, die feierliche Ruhe der Altmark und des Wendlands – vermischt mit dem bitteren Nachgeschmack von trostlosen Industriekulissen in Ústi, Pirna und Riesa. An diesem Ort, schon vom Seewind aufgerührt, ist die Elbe noch einmal alles das, was sie bisher gewesen ist. Der Fluß, der das Labyrinth des Hafens verlassen wird, ist ein anderer – eine neue Elbe, ein Geschöpf Hamburgs und der Nordsee.

Der Damm mit dem alten Leuchttürmchen verteilt seit 1870 die Wassermengen der Elbe gleichmäßig auf beide Flußarme. Ursprünglich war die Süderelbe der eigentliche Hauptarm. Hamburg lag an der Norderelbe, einem mageren Nebenarm, sehr zum Verdruß der Hamburger. Seit 1189 genossen sie zwar das Recht, jedes Handelsschiff zu zwingen, ihren Hafen anzulaufen und seine Waren einen Tag lang anzubieten – bei welcher Gelegenheit auch gleich der Zoll kassiert wurde. Vielen Schiffern gelang es jedoch, unbemerkt über die Süderelbe solchen Unannehmlichkeiten zu entgehen. Die Hamburger lösten das Problem auf ihre Weise: Sie handelten den Grafen von Holstein die Elbinsel ab, und fortan konnten sie von dort aus ein waches Auge auf die Süderelbe werfen. Drückebergern wurde der Weg in den Hamburger Hafen von bewaffneten Schiffen gezeigt.

Ein tschechischer Frachter mit der inzwischen vertrauten Buchstabenkombination

Seite 170/171: Durch die Wanten des Restaurantschiffs „Rickmer Rickmers“ gesehen, kehrt ein Hauch der längst vergangenen Seefahrtsromantik zurück.

Wo die Bunthäuser Spitze der Insel Morwerder die Elbe in Norder- und Süderelbe teilt, wies einst der kleine Leuchtturm den Schiffern den Weg.

CSPLO am Heck nähert sich und biegt ohne äußeren Zwang in die Norderelbe ein. Wenn er aus Prag kommt, ist er seit vier Tagen unterwegs. Auf der Rückfahrt wird er für die 800 Flußkilometer fast doppelt so lange brauchen. Von der Moldaumündung bei Mělnik an haben mich diese Schiffe auf meiner Reise begleitet – jetzt möchte ich wissen, mit welchem Ziel.

Ich brauche nicht lange zu suchen. Kurz hinter der Speicherstadt entdecke ich im Freihafen einen langgestreckten Lagerschuppen mit der unübersehbaren Aufschrift: „CSPLO Elbe Terminal". Am Kai stapeln sich containergroße Holzkisten mit dem Aufdruck „Made in Czechoslovakia", daneben: „Destination Montreal" oder „Destination Benghazi". Wenig später sitze ich im Arbeitszimmer des tschechischen Hafendirektors, trinke mit einem Anflug von Wehmut den sämigen, schwarzen tschechischen Kaffee und lausche dem halbvergessenen Adagio der böhmischen Vortragsweise.

„Wie Sie sehen, besitzt die Tschechoslowakei einen eigenen Seehafen. Das ist eine Folge des Versailler Vertrags, der unter anderem bestimmte, daß die Tschechoslowakei einen Zugang zum Meer haben sollte. 1928 hat unser Staat mit der Stadt Hamburg verhandelt, und es wurde Vereinbarung getroffen, daß

Die Speicherstadt ist der größte zusammenhängende Lagerkomplex der Welt. Hier werden Teemischungen komponiert und Teppiche warten auf ihre Käufer.

wir den Saalehafen und den Moldauhafen zu einem ganz niedrigen Pachtzins überlassen bekommen, für 99 Jahre. Dieser Vertrag hat alle politischen Veränderungen dieses Jahrhunderts überstanden. Und er ist noch gültig bis zum Jahr 2028."

Die tschechische Schiffahrtstradition geht zurück auf das Jahr 1922. Damals riefen Prager Banken zwei Schiffahrtsgesellschaften ins Leben, eine für die Donau, eine für die Elbe. Keine von beiden besaß ein einziges Schiff – ein Problem, daß sich gewissermaßen über Nacht erledigte: Österreich, das mit Deutschland zusammen zu den Verlierern des Ersten Weltkriegs gehörte, mußte seine gesamte Nordwest-Dampfschiffahrtsgesellschaft an die Tschechoslowakei abtreten – 250 Schiffe und Niederlassungen in Dresden und Magdeburg.

„Da hatten wir plötzlich eine große Flotte. Bis heute ist sie auf 700 Schiffe angewachsen. Die meisten befahren die Elbe, einige die Oder. Und andere verkehren nur innerhalb der Tschechoslowakei. Sie bringen Papier für Zeitungen nach Prag oder Kohle aus Nord-

Im Wasser steht sie, die Speicherstadt. Fleete durchziehen sie, auf denen früher fast alle Waren angeliefert wurden.

böhmen zu dem großen Kraftwerk vor Pardubice an der Elbe. Hier in Hamburg nehmen unsere Schiffe hauptsächlich Futtermittel an Bord, Mais aus den USA, und manchmal Getreide. Dazu kommen Phosphat und andere Bestandteile von Düngemitteln, die regelmäßig aus Murmansk eintreffen. Und Kleinigkeiten, wie Kakaobohnen und Kaffee. In Prag und Děčin werden dann hauptsächlich Maschinen für Hamburg geladen, Druckmaschinen, nicht wahr, oder Autos. Unsere Skodas sind gar nicht schlecht, wissen Sie, die verkaufen sich in England und Skandinavien ganz gut."

Die 15 Millionen Tonnen, welche die CSPLO bisher jährlich über die Elbe verschiffte, erscheinen ihm aus heutiger Sicht bescheiden. Auf 50 bis 60 Millionen Tonnen ließe sich das Frachtvolumen in Zukunft steigern, wenn die Fahrrinne der Elbe nur um 30 Zentimeter vertieft würde. Alle würden davon profitieren: der Hamburger Hafen mit seiner tschechischen Enklave, die Werften an der Elbe, und – die tschechoslowakische Hochseeflotte mit ihren etwa 20 Schiffen, deren Heimathafen allerdings nicht etwa Hamburg ist. Sondern Prag.

Nach unserem Gespräch, auf dem Weg in die Speicherstadt, fällt mir wieder die subtile Höflichkeit ein, mit der mein tschechischer Gesprächspartner sich befleißigte, die böhmischen Orte bei ihren deutschen Namen zu nennen, während ich darauf bedacht gewesen war, die tschechischen Namen zu verwenden. Eine Erfahrung, die ich in der Tschechoslowakei bereits mehrfach gemacht hatte – zweifellos ein Indiz für die Samthandschuhe, auf die man im Umgang miteinander noch nicht verzichten zu können glaubt, vielleicht aber auch Anzeichen für einen historischen Lernprozess.

Kurz darauf gehe ich durch den größten zusammenhängenden Lagerkomplex der Welt, die Hamburger Speicherstadt. Binnen zehn Jahren war sie Ende des letzten Jahrhunderts aus dem Boden gestampft worden, auf dem vorher ein buntgemischtes Wohnviertel aus kleinen Gewerbebetrieben, Patrizierhäusern und Arme-Leute-Quartieren gestanden hatte. Rund 20 000 Bewohner wurden seinerzeit vertrieben.

Jetzt, am Vormittag, herrscht lebhafteste Geschäftigkeit. Überall sind Flaschenzüge dabei, Säcke und beladene Paletten zu den kupfernen Pagodendächern an den Speichergiebeln hinaufzuhieven. Aus russischen Sattelschleppern werden Teppiche entladen, Berge blutroter Teppiche, die ebenfalls nach oben segeln, wo sie durch die geöffneten Tore eines der sechs Speicherböden verschwinden. Die Erker, Balkons und Portale einiger Gebäude sind, wie ich entzückt feststelle, aus Sandstein.

Ich betrete einen Speicher mit der unwiderstehlichen Firmentafel „Mount Everest Tea Company" am Eingang und befinde mich in einem engen Allerweltstreppenhaus. Keine Menschenseele zu sehen oder zu hören. Erst auf dem fünften Boden stoße ich auf eine angelehnte Eisentür, drücke sie auf und fühle mich schlagartig in einen sinnenbetörenden Strudel unzähliger exotischer Duftnoten hineingezogen – die köstliche Essenz all dessen, was sich auf dieser Erde Tee nennt, in einem Atemzug.

„Reines Nasenkino", lacht der Mann im weißen Kittel, der auf mich zukommt. Zum ersten Mal in meinem Leben stehe ich einem

Teekoster gegenüber, einem Menschen, dessen unbezweifelbares Genie in seiner Zunge liegt. Er führt mich in sein Büro, wo auf einem Tisch am Fenster weiße Porzellanschälchen aufgereiht sind, eine Handvoll Teeblätter in jedem.

„Unser Haus", hebt er an, „importiert Tees aus allen Teilen der Welt und verarbeitet sie zu Mischungen. Tee ist ein recht schnelles Geschäft. An jedem Montag finden an allen großen Teehandelsplätzen der Erde Auktionen statt, in Kalkutta, Colombo und Mombasa. Unter der Woche erreichen uns also die Kostproben aus den Erzeugerländern, per Post oder per Kurier; ich bewerte sie hier, schicke ein Telex mit unserem Gebot an den Agenten vor Ort, und der versucht am Montagmorgen, den Tee in der gewünschten Menge zu ersteigern. Die ersteigerte Ware gelangt dann auf dem Seeweg nach Hamburg. Nur der erste Darjeeling im März, der kommt mit dem Flugzeug. Das ist etwas Besonderes, wissen Sie, das ist so wie mit den ersten Erdbeeren. Oder dem Beaujolais primeur.

Gut. Der größte Teil dieses Tees wird dann bei uns gemischt, in der Absicht, bestimmte Geschmacksbilder zu erzeugen. Die werden in unserem Katalog dann in poetischen Worten beschrieben, so wie man das vom Wein her kennt. Und diese Mischungen werden dann nach dem Geschmacksbild, das ich auf der Zunge trage, immer wieder nachgebaut. Da dürfen keine Schwankungen auftreten, da kenne ich keine Kompromisse. Das eben ist ja meine Kunst."

Ob es denn nicht reiche, das Mischungsverhältnis quantitativ festzuhalten? Nein, das tue es nicht. Die Tees können unterschiedlich ausfallen, die Anbaugebiete können wechseln, der Kunde aber erwarte stets denselben Geschmack. „Das Geheimnis der Aromate, das kann man nur mit der Zunge lüften", sagt er sehr bestimmt.

Wir gehen hinüber zum Lager, wo sich die Düfte trotz der Verpackung am intensivsten entfalten. In einer Ecke des Raums, vom Tageslicht hell erleuchtet, ist eine Art Holzdielentenne, auf der zwei blitzblanke Metallschaufeln liegen. „Vorsicht! Nicht mit Straßenschuhen betreten. Hier", er zeigt auf die Tenne, „werden die Mischungen zusammengestellt – nach den Rezepten, die ich entwikkelt habe. Auf diesem Stürzboden werden die verschiedenen Sorten ausgeschüttet und dann mit den Schaufeln dort siebenmal hin- und hergewendet – so will's der Brauch. Dann ist die Mischung fertig für den Versand, ins Bundesgebiet, nach Skandinavien und Osteuropa. Hamburg ist ja die Teedrehscheibe für alle diese Länder."

Bei unserer weiteren Unterhaltung – ganz so schnell scheint das Teegeschäft gottlob doch nicht zu sein – fällt das Wort „Quartiersmänner". „Die sind ganz typisch für die Speicherstadt", sagt der Teekoster zum Abschied. „Schauen Sie, in dem Speicher dort drüben, vor dem der grüne Lastwagen steht, befindet sich das Büro einer solchen Quartiersmannsfirma."

Und anstatt im Büro einer Hamburger Quartiersmannsfirma finde ich mich zunächst in einem Teppichlager wieder, als Zuhörer eines persischen Geschäftsmanns in grauem Flanell.

„Wir lieben die Speicherstadt, wirklich wahr. Sie müssen verstehen, unsere Teppiche kommen gar nicht mit dem Schiff. Sie kommen mit dem Flugzeug oder mit der Spedition.

Wir könnten auch nach München oder Düsseldorf gehen. Aber wo gibt es denn so etwas wie die Speicherstadt? Hamburg ist gleich vor der Tür, die Kunden können zu Fuß kommen. Ein Blick aus dem Fenster, und man weiß, was die anderen Teppichfirmen so machen, welche Ware, welche Kunden. Die Speicherstadt ist, wie soll ich sagen? Fast wie im Basar in Teheran."

Die Quartiersmannsfirma befindet sich im Treppenhaus gegenüber. Ein Fensterchen wird halb zur Seite geschoben, eine Frauenstimme erkundigt sich nach dem Grund der Störung, eine Tür öffnet sich in ein Büro, wo Herren in Anzügen sich an Schreibmaschinentischen schweigend über Papiere beugen, eine zweite Tür führt in ein zweites, kleineres, aber vornehmeres Büro, in dem ein sehr vornehmer Herr die Hände über dem Knie faltet, bereit, über einen Gesprächstermin mit sich reden zu lassen. Nach zwei Minuten weiß ich, daß wir uns bereits mitten in diesem Gespräch befinden.

„Im Grunde machen wir dasselbe wie die Teeleute, die sie besucht haben, nur nicht mit unserer eigenen Ware. Sehen Sie, Lagern und Umschlagen können Sie überall, zur Not auf der grünen Wiese. Was wir hier in der Speicherstadt machen, ist etwas ganz anderes: Wir bearbeiten und veredeln Rohstoffe, stellen Gutachten für unsere Kunden aus und lagern zum Beispiel sterile Artikel, für die Sie sterile Räume brauchen. Nur die Speicherstadt bietet überschaubare, abgeschlossene Lagerräume für alle diese Artikel, die Gerüche ausströmen, die sich untereinander nicht berühren dürfen. Wenn Sie Tee, Kaffee, Tabak, Gummi und Gewürze in eine einzige Halle packen, ja, dann können Sie doch gar keine Geruchssortierung mehr vornehmen."

Und ungeachtet seiner knappen und kostbaren Zeit widmet sich mein Gesprächspartner mit Leidenschaft einer Aufzählung aller Vorzüge der Speicherstadt: Ganz ohne Klimaanlage steigen die Temperaturen im Sommer nicht über 20, fallen im Winter nicht unter Null Grad. Stets herrschen ideale 60 bis 70 Prozent Luftfeuchtigkeit, weil die Speicher mit den Füßen im Wasser stehen. Die vertikale Organisation der Speicherhäuser macht man sich zum Beispiel beim Kaffeestürzen zunutze: ein Verfahren, Kaffee zu mischen, indem man verschiedene Sorten durch ein System von Rohrleitungen mehrere Etagen tief hinabfallen läßt.

Der Name? Er ist aus dem lateinischen Wort für vier abgeleitet. Um 1720 etwa taucht die Bezeichnung „Quartiersmänner" für Lagerarbeiter auf, die sich selbständig gemacht haben und nun um eine wohlklingende Berufsbezeichnung verlegen sind. Wahrscheinlich haben sich damals immer vier zusammengetan, weil man vier Männer braucht, um einen schweren Sack zu heben: an jedem Zipfel einen.

„Heute arbeiten 40 Quartiersmannsfirmen in der Speicherstadt. Und genau wie die Speicherstadt selbst ist auch diese Einrichtung einmalig auf der Welt." Er schaut auf die Uhr. Ich verabschiede mich, schuldbewußt, aber nicht unzufrieden.

Was mir Hamburg neben der konkurrenzlosen Schönheit des Stadtbildes so angenehm macht, ist die Abwesenheit von Nostalgie in Verbindung mit einer Flut nostalgischer Requisiten, die sich in den hafennahen Vierteln angestaut hat. Natürlich ist die Klause, in der ich unter den Blicken von Columbus und

Einmalig in der westlichen Welt ist das riesige Schwimmdock, in dem selbst größte Containerschiffe und Tanker repariert werden können.

Vasco da Gama, den Hütern der Speicherstadt, das Tagesgericht zu mir nehme, vollgestopft mit nautischen Gerätschaften und alten Schiffsmodellen. Die Geräuschkulisse aber könnte einem avantgardistischen Hörspiel entstammen. Vom Nebentisch, mit unerbittlich gedämpften Stimmen, der Disput über einen Intendantenstreit, durchbrochen von der stupiden Tonfolge eines Spielautomaten, übertönt vom rituellen Wortgeplänkel alter Bekannter vorn am Tresen und überlagert von den Fetzen eines Gesprächs, das in einer Nische hinter mir geführt wird: Kontakt zu Ölländern... Scheck über 500 000 DM... in den Vertrag einsteigen... 8000 Quadratmeter Tabaklagerfläche. Beim Verlassen werfe ich einen Blick in die Nische. Da sitzen zwei junge Männer in Jeans und Strickjacken, die Arme lässig über die Lehnen ihrer Sitzbänke gehängt.

Draußen stelle ich fest, daß das Ausschauhalten nach Sandsteinfassaden bei mir inzwischen zum Reflex geworden ist. Das Asia-Haus, erbaut Anfang dieses Jahrhunderts, etwa ist ein Volltreffer – die gesamte Fassade sandsteinverkleidet! Oder die Eingänge der frühen S-Bahnhöfe – ganz aus behauenem Sandstein! Überhaupt scheint die Kombination von Ziegelmauerwerk und Sandsteinportalen in Hamburg beliebt gewesen zu sein;

sie trägt entscheidend zum architektonischen Reiz der Stadt bei.
An Bürohäusern von Schiffsmaklern und Reedereien, den Läden von Schiffsausrüstern und Taumachern, einer Seefahrtsbuchhandlung mit der Ansichtskartensammlung alter Schiffe im Schaufenster und dem neugotischen Ziegelbau der schwedischen Seemannskirche vorbei komme ich in ein Viertel, dessen Straßen nach Konvoikapitänen benannt sind, nach Männern wie Ditmar Koel, die im 16. Jahrhundert für Ruhe an der Nordsee sorgten, indem sie dem Hamburger Scharfrichter 75 Seeräuber auf einen Schlag lieferten. Zwischen spanischen und portugiesischen Restaurants, Seemannsheimen und kleinen Eckkneipen entdecke ich über einer Haustür die Inschrift „Seefahreraltenheim“. Rechts im Eingang ein erleuchtetes Glasbild: unter der Überschrift „Gebt den Seefahrerarmen um Gottes Willen“ ein Schiff in Seenot, links ein junger Mann, der von seinen Eltern Abschied nimmt, rechts ein alter Mann in einer Kammer. „In den Ozean zieht mit tausend Masten der Jüngling. Still auf gerettetem Kahn treibt in den Hafen der Greis“, heißt es dazu. Ich trete ein.
Es braucht wahrscheinlich nicht zu überraschen, daß der Leiter eines solchen Hauses eine Schwäche für historische Forschung hat. Der bedächtige Mann mittleren Alters jedenfalls, der mich in seinem nüchternen Büro begrüßt, ist dieser Leidenschaft verfallen, seit er bei seinem Amtsantritt stapelweise alte Urkunden fand.
„Das Bild im Eingang“, beginnt er, immer noch leicht verwundert über das Interesse der Straße an seinem Haus, „hing neben der Tür des ursprünglichen Seefahrerarmenhauses am Schaartor über einem Gotteskasten, in den die Bürger Geld und Naturalien werfen konnten. Ein Seefahrer hatte ja gewöhnlich keine Ersparnisse. Und nach alter Tradition war er auch nicht verheiratet. Der ging als junger Mensch mit fünfzehn, sechzehn Jahren an Bord, fleischliches Genüge fand er in den Hafenstädten dieser Welt, und wenn er nach seiner letzten Reise von Bord ging, kam er, arm wie die Kirchenmaus, zu uns. Aufgenommen wurde jeder, der Bremer wie der Hamburger Seemann, und wenn Platz war, auch der holländische und der dänische – Hauptsache, er konnte anhand seines Seefahrtsbuchs nachweisen, daß er auf großer Fahrt gewesen war. In Bremen übrigens gab es kein Seefahrerarmenhaus, weil sich kein deutscher Seemann etwas anderes vorstellen konnte, als seine alten Tage in Hamburg zu verbringen. Noch in diesem Jahrhundert wohnten die Seefahrer-Alten in getäfelten Zimmergalerien, recht prunkvollen, langgestreckten Gemeinschaftsräumen, mit all den Schiffsmodellen einem Museum ähnlicher als einem Altersheim. Die Traditionalisten schliefen in Schiffshängematten. Bis 1943, als das alte Haus bei einem Bombenangriff in Trümmer sank.“
1557 war dieses Haus als „Trosthaus der Seefahrerarmen“ gegründet worden, auf Beschluß der Stadt, die sich nach den Wirren der Reformation endlich wieder eigenen Angelegenheiten zuwenden konnte. Anders als die protestantischen Sachsen bei Mühlberg hatten die protestantischen Hamburger nämlich ihre Schlacht gegen die Kaiserlichen 1547 vor den Toren Bremens gewonnen.
Zur Finanzierung der dringend benötigten Einrichtung trugen die Schiffer durch regel-

mäßige Abgaben selbst bei; daneben flossen Strafgelder für Vergehen an Bord und die Almosen aus dem Gotteskasten vor der Tür in das Projekt. Als Gegenleistung kamen kranke und arme Seeleute, sofern sie arbeitsunfähig und friedlich waren, in den Genuß einer Herberge, einer Trostmutter in Gestalt einer tugendhaften Witwe und einer Hausordnung, welche Respekt gegenüber der Trostmutter, Zufriedenheit mit dem Essen und Mäßigung beim Trinken zur Bedingung machte.

Wenig später wurden die Seefahrer noch empfindlicher zur Kasse gebeten. Hamburg hatte inzwischen seine Handelsbeziehungen auf die spanische Küste und das Mittelmeer ausgedehnt – ein Segen für die Kaufleute, ein Alptraum für die Schiffer, denn in diesen Gewässern wimmelte es von arabischen Korsaren. Immer häufiger endete eine Reise nach Cádiz, Malaga oder Palermo für die Besatzung auf einem nordafrikanischen Sklavenmarkt. 1629 schrieb ein Seemann aus der Sklaverei an seinen Vater, er werde „alle Dagen brun und blau geslagen, by de Föten uphangen und darub mehr als 200 Släge up eenen Dag“. Mit der Gründung einer privaten Lösegeld-Versicherung, der „Cassa der Stükke von Achten“, griffen die Hamburger Schiffer zur Selbsthilfe. Diese Stücke von Achten waren spanische Pesos im Wert von acht Reals – die Währung, in der die arabischen Freibeuter rechneten. Entsprechend der Lösegeldforderungen waren die Beiträge zu dieser Kasse allerdings beinahe unerschwinglich hoch: Ein einfacher Matrose hätte zwei bis drei Monatslöhne einzahlen müssen – je nachdem, wie tief die Fahrt in die Piratengewässer hinein gehen sollte. So traten meist nur besser verdienende Schiffer der Kasse bei, Kapitäne, Steuerleute und Schiffsschreiber. Von 20 Seeleuten an Bord waren in der Regel nicht mehr als zwei versichert. Von seiten der Stadt wurden jetzt bewaffnete Konvoischiffe als Geleitschutz angeboten. Wer aus Kostengründen auf den Geleitschutz verzichtete, wurde von der Versicherungsleistung ausgeschlossen, sofern er nicht wenigstens zehn Kanonen an Bord hatte. Doch trotz Geleitschutz und Bewaffnung fielen weiterhin viele Hamburger den Piraten in die Hände – zwischen 1719 und 1747 wurden 50 Schiffe mit 682 Seeleuten aufgebracht. Der Freikauf zog sich oft jahrelang hin. Die Kasse ging deshalb dazu über, Angehörigen für die Zeit der Verhandlungen eine Rente auszuzahlen. Seeleute, die ihr Los durch Übertritt zum Islam zu lindern suchten, gingen automatisch aller Ansprüche verlustig.

„Und heute besteht die Cassa der Stücke von Achten immer noch und unterstützt Einrichtungen wie diese“, erklärt der Heimleiter auf dem Weg zum Speisesaal. „Aus dem Seefahrer-Armenhaus ist ein Altenheim geworden, das nur noch zur Hälfte mit alten Seefahrern belegt ist. Die meisten Seeleute fahren heute nur noch für ein paar Jahre zur See; danach suchen sie sich Arbeit an Land und heiraten sogar. Nach der letzten Satzungsänderung dürfen wir auch Nicht-Seefahrer und Frauen aufnehmen.“

Der Speiseraum ist, man traut seinen Augen kaum, vollständig mit Mahagoni verkleidet. „Das waren die Schiffer so gewöhnt. An Bord waren ja alle besseren Räume traditionell Mahagoni getäfelt. Den Kompaß dort drüben habe ich von einer Bremer Abwrackfirma ersteigert.“ Wir treten vor eine kostbare Kom-

Auf dem Ohlsdorfer Friedhof besitzt die „Cassa der Stücke von Achten", eine Unterstützungseinrichtung für alte Seeleute, eigene Grabplätze.

paßsäule aus lackiertem Kirschholz, mit Messingmanschetten und Messingarmaturen und einer Laterne für die Beleuchtung des Kompaßblattes bei Nacht und zwei Knäufen, grün und rot, mit denen der Kompaß bei Schräglage in die Waagerechte gebracht werden konnte. Und an der Stirnseite des Raums, unter den Wappen der Schiffer-Alten, steht der berühmte Störtebeker-Pokal, ein Drei-Liter-Gefäß aus dem Beutesilber des berühmtesten aller in Hamburg geköpften Seeräuber. Sollte die Hausordnung von 1556 heute noch gelten, wird der Pokal an diesem Ort dieselbe Immunität genießen wie ehemals die Trostmutter.

Auf dem Ohlsdorfer Friedhof, weitab des Hafens, besitzt die Cassa der Stücke von Achten ein eigenes Gräberfeld. Es ist nicht leicht zu finden, denn der Ohlsdorfer Friedhof gilt, zumindest in Hamburg, als der größte der Welt. Im letzten Moment weist ein Anker den Weg: Hier liegen, in repräsentativen Gräbern unter üppigem Farn, die Kapitäne der Cassa der Stücke von Achten; dort unter kleinen, anspruchslosen Steinen, die einfachen Seeleute. Keine Jahreszahlen, nur die Namen unter dem Ankersymbol in den Stein geritzt. Und am Ende des Wegs durch das Gräberfeld ein Gedenkstein für alle, die trotz Sankt Pauli und Seefahreraltenheim nicht mehr nach Hamburg zurückgekommen sind.

Industriegeschichte des Wassers läßt sich in Hamburg studieren, das 1843 das modernste Wasserversorgungssystem und Sielwesen Europas erhielt.

Erbaut 1904.
Sielwesen

An der Mündung: Bei Flut wird geboren, bei Ebbe gestorben

Ob der alte Spruch, daß bei Ebbe gestorben, bei Flut geboren wird, schon auf die Elbe hinter Hamburg zutrifft? Wo der Fluß dem Meer gehorcht, wird ihm vielleicht auch das Leben am Fluß gehorchen. Das hieße, daß in diesen Stunden geboren würde, denn die Elbe fließt bergauf, in Richtung Hamburg.
Doch was ist hier überhaupt noch Elbe, was ist schon Meer? In dem Augenblick, in dem die Fähre das rauhere Wasser der Fahrrinne erreicht, geht sie in gemächliche Schaukelbewegungen über. Seegang kann man das noch nicht nennen. Aber Gischtspritzer wehen über die ganze, unruhige Wasserfläche, so weit das Auge reicht – die neue Elbe ist eine nahe Verwandte des Meeres.
Die Fähre von Wischhafen nach Glückstadt hat mit allen bisherigen Elbefähren nur noch den Namen gemein. 40 Personenwagen setzt sie auf dieser Fahrt über. Nicht einen Groschen Fährgeld muß ich zahlen, wie in Wehlen, sondern elf Mark fünfzig. Zwischen Abfahrt und Ankunft reicht die Zeit für ein Mittagessen in der Bordwirtschaft. Statt der gewohnten fünf Minuten beträgt die Fahrzeit diesmal 35.
Zwischen Hamburg und der Mündung bricht die Elbe etliche europäische Rekorde. Ihr Bett dehnt sich auf ein bis zwei Kilometer, und die Fahrrinne, 300 bis 500 Meter breit, erreicht eine Tiefe von über 13 Metern. Mit 60 000 Schiffsbewegungen im Jahr gehört sie hier zu den meistbefahrenen Wasserstraßen der Welt.

Seite 184/185: Außer Betrieb ist der Leuchtturm bei Brockdorf. Schiffe werden heute in der Regel durch Radar gelenkt.

Das liebliche Glückstadt am anderen Ufer verdankt seine Gründung 1617 der unfriedlichen Absicht des dänischen Königs, Hamburg durch einen vorgelagerten Konkurrenzhafen in die Knie zu zwingen. Die sorgfältig gepflegten Beziehungen der Hamburger zu Schweden, Holland, England und Spanien erwiesen sich auf Dauer jedoch als wertvoller als die günstige Lage von Glückstadt: Nicht die Glückstädter blockierten, wie geplant, die Schiffahrt nach Hamburg, sondern hamburgische Blockadeschiffe setzten Glückstadt matt, so daß die Flotten der befreundeten Nationen Hamburg weiterhin ungehindert anlaufen konnten. Die beschwörende Anrufung der Fortuna wirkte sich für die Glückstadter nur insofern aus, als ihnen ähnliche Sorgen wie den Hamburgern erspart blieben: Bis zum Beginn des letzten Jahrhunderts operierten die Glückstädter als Walfänger vor Grönland in Regionen, in denen sich kein Seeräuber blicken ließ.
Nach der Entdeckung, daß es in Glückstadt eine Namenlosestraße gibt und alle frischen Matjesheringe aus Norwegen kommen, fahre ich weiter nach Norden, immer den Deich in Sichtweite.
In Dörfern jeweils ein Restaurant „Zum Elbblick“, die überdachte Terrasse bis auf die Deichkrone vorgezogen, von wo aus sich die Elbe, halb entrückt, nur noch als silberner Faden zu erkennen gibt. Die kleinen roten Häuser kleiner roter Dörfer im Windschatten des Deichs eng zusammengerückt, St. Margareten, Brockdorf, später das Städtchen Brunsbüttel, durch den Kanal zu einigem Ruhm gelangt.
Die letzte Fahrt mit einer Fähre, und ich bin auf jener Kanalseite, von der aus Neugierige

Seehundsjäger halten im Frühsommer Ausschau nach verlassenen Jungtieren und bringen sie zur Aufzucht nach Friedrichskoog.

die vier gewaltigen Schleusenbecken ersteigen können. Sieben Jahre lang haben 9000 Arbeiter gegraben, dann konnte, 1895, der Nord-Ostsee-Kanal eröffnet werden. Seither sparen sich Schiffe den Weg um Dänemark herum, fast 400 Kilometer; was vorher eine Reise von mehreren Tagen war, nun auf sieben bis acht Stunden Fahrzeit verkürzt. Mit 66 000 Schiffen im Jahr läßt dieser Kanal den von Suez mit 18 000, den von Panama mit 12 000 Durchfahrten weit hinter sich.

Und dann tauchen sie auf, unwirklicher als Don Quijotes Riesen, weiße Propeller an schlanken, weißen Stahlmasten, zunächst vereinzelt, später, beim Kaiser-Wilhelm-Koog, als Wald. Die dreiflügeligen Windräder kreisen im entgegengesetzten Sinn zu den zweiflügeligen – ein hypnotischer Effekt. Kein Hügel entzieht sie dem Blick, sie werden kleiner, der Deich tritt dazwischen, an dem ich auf schnurgeraden Straßen entlangfahre.

Irgendwann knickt die Straße scharf nach rechts ab, und die letzten Sonnenstrahlen fallen flach über das dunkle Bollwerk des Deichs auf leuchtend rote Mauern und leuchtend rote Dächer, dicht zur Siedlung gestaffelt – Friedrichskoog. Hinter einer plötzlichen Bresche im Deich liegt der Hafen der Krabbenfischer, bunte Boote mit hohen, gel-

Hinter einer Bresche im Deich liegt der Hafen der Krabbenfischer: bunte Kutter mit hohen, gelben Masten. Idyllisch wie Fischerhäfen überall in der Welt.

ben Masten und grünlich schimmernden Netzen, idyllisch wie Fischerhäfen überall auf der Welt, Menschen sitzen an langen Tischen im Freien über Schollenfilets mit Kartoffelsalat, spazieren in Wattwanderstiefeln zum Schleusentor, das den Hafen gegen die unberechenbare Mischung aus Fluß und Meer dort draußen verschließt, wo sich im grellen Silberlicht ein leuchtendes Dunstgebilde abzeichnet in Form eines Containerschiffs auf der unsichtbaren Scheidelinie zwischen Himmel und Meer.

Nicht weit vom Hafenbecken steht ein unscheinbares Haus, ein kleines Café mit einem umzäunten Schwimmbad, in dem sich junge Seehunde mit angewinkelten Flossenpfoten sichtlich vergnügt auf dem Rücken treiben lassen. Drinnen erwartet mich eine gemütliche Stube, das ersehnte Bier und ein älterer Mann in Fischerkleidung, der sich als dienstältester Seehundsjäger der ganzen Küste vorstellt. Ob er denn selbst noch Seehunde geschossen habe, frage ich ihn.

„Ja“, antwortet er, „wohl, in den siebziger Jahren, den einen oder anderen. Heute ist es ganz verboten. Ohnehin“ – der Ruf aller Seehundsjäger steht auf dem Spiel – „sind wir immer eher Heger als Jäger gewesen. Wissen Sie, früher gab es hier nur Fischerei und Landwirtschaft. Da sind die Seehundsjäger

In der Aufzuchtstation bekommt ein junger Seehund alles, was er braucht, um im Herbst rund und gesund in die Freiheit entlassen zu werden.

dann im Spätsommer oder Herbst rausgefahren und haben ein paar Tiere geschossen. Erstens wegen des Trans, um Lederstiefel und Pferdegeschirr einzufetten und um Brennstoff für die Tranpüster zu haben – elektrisches Licht gibt es hier ja erst seit 1930. Zweitens ist Seehundsleber eine Delikatesse. Und drittens haben wir aus dem Fell Mützen gemacht oder Bettvorleger oder Schulranzen."
Und heute fahren die Seehundsjäger, die bei ihrem Namen bleiben wollen, im Frühsommer hinaus in die Elbemündung und hoch bis Sylt und halten nach verlassenen Jungtieren Ausschau. Die gut genährten bleiben liegen, die mageren kommen mit, hier zur Seehundsaufzuchtstation, wo sie unter freiem Himmel alles geboten bekommen, was ein Seehundbaby braucht, um bis Oktober auf 60 bis 80 Pfund Gewicht und eine drei Zentimeter dicke Speckschicht zu kommen: Mutterwärme aus der Infrarotlampe, viel Bewegung und lebende Fische. Nach einer abschließenden ärztlichen Untersuchung fahren die Seehundsjäger dann mit ihnen wieder hinaus zu einer Sandbank, auf der sich Artgenossen tummeln – „und wir beobachten immer wieder", sagt der Seehundsjäger, „daß unsere Tiere von den wilden Hunden angenommen werden."
Am nächsten Tag fahre ich in aller Frühe

nach Friedrichskoog Spitze, dem nördlichsten Punkt, an dem von Elbe noch die Rede sein kann. Das Holzhäuschen am Deichaufgang, das zu normalen Tageszeiten niemand passiert, der nicht seine Kurtaxe gezahlt hätte, ist unbesetzt. Ein Kreischen, Kichern, Zirpen und Flöten erfüllt den Himmel über der Mündung. Hier rasten Zugvögel auf ihrem Weg von Sibirien nach Afrika, falls man ihr Aufschießen und Herabstürzen Rast nennen kann.

Ein Universum von Grautönen breitet sich vor mir aus, lichtgrau der Himmel, stahlgrau das Meer, grüngrau die sanft geneigte Böschung des Deichs, an der sich die Wucht einer Sturmflut erschöpfen soll. Andeutungen einer beinahe surrealistischen Gegenständlichkeit: die seewindzerfressene Normaluhr auf der Deichkrone und die verlorenen Dreiergruppen geflochtener Strandkörbe auf der schrägen Ebene des Deichfußes, leblose Relikte eines zurückliegenden Sonnentages, provisorische Zufluchtsorte gegen die Einsamkeit und den Wind, die abwaschbaren Polster mit Tiefseemotiven bedruckt. Ich ziehe mich so tief es geht in einen dieser Körbe zurück, entfalte die Fotokopie eines Briefs, gerichtet an den Bürgermeister eines mecklenburgischen Elbdorfs, und lese:

„Ich liebe alte deutsche Dörfer besonders hier an der Elbe. Elbe ist mein liebster Fluß. Die Elbe fließt in meiner Erinnerung immer. Herr Hirose Takehiko, Universität Tokio."

Eine Liebesgeschichte?

Etwa drei Kilometer breit dehnt sich das Bett der Elbe nördlich von Glückstadt. Weit ist das Land, geprägt durch Marschen und Leuchttürme.